中浦院书系·研究报告系列

总主编 周仲飞

公共危机管理
典型案例·2014

Gonggong Weiji Guanli Dianxing Anli·2014

吴 涛 主编

人民出版社

总　序

　　中国浦东干部学院（简称中浦院，英文名称为 China Executive Leadership Academy，Pudong，英文缩写 CELAP）是由中共中央组织部直接管理，中共上海市委协助管理，地处上海市浦东新区的国家级干部教育培训机构。中共中央政治局委员、中央书记处书记、中共中央组织部部长兼任学院院长，中共上海市委副书记兼任学院第一副院长。学院 2003 年开始筹建，2005 年 3 月正式开学。习近平总书记要求学院"按照国际性、时代性和开放性要求，努力加强对学员进行马克思主义最新理论成果的教育，进行改革开放和社会主义现代化建设新鲜经验的教育，在帮助学员树立国际视野、提高执政能力方面更有特色"。学院坚持"党校姓党"的根本原则，紧紧围绕党和国家的工作大局，依托长三角地区丰富的革命传统资源、改革开放的实践案例和现代化建设的丰富实践资源，紧扣改革创新、走中国特色社会主义道路的"时代精神"这条主线，突出"国际性、时代性、开放性"的办学特色，坚持开门办学、开放办学，走出了一条现代化、高水平、具有自身特色和优势的培训新路，在国家级干部教育培训格局中发挥了重要的作用，得到广大干部学员的好评和社会的广泛认可。

"中浦院书系"是学院办学特色的重要载体，又是学院办学十几年来教学培训成果的重要展示。为适应干部教育培训改革创新的要求，学院在培训理念、培训内容、课程建设、教学方式方法等方面进行了一系列的新探索，形成了"忠诚教育、能力培养、行为训练"的教学布局。忠诚教育，就是坚持"党校姓党"的办学原则，突出党的理论教育和党性教育的主课主业地位，加强对学员进行党的理想信念教育、宗旨意识教育、法治思维教育、反腐倡廉教育，教育干部忠诚于党的事业，忠诚于国家和人民的利益，忠诚于领导者的使命和岗位职责。能力培养，就是坚持把马克思主义中国化最新理论成果与中国特色社会主义道路的实践探索紧密结合起来，紧扣改革开放现代化建设过程中中国经济社会发展的重点问题，着力培养广大干部领导现代化建设的本领。建院以来，学院一直围绕科学执政、民主执政、依法执政开展培训，着力增强领导干部推动科学发展、促进社会和谐的能力。把创新发展、协调发展、绿色发展、开放发展、共享发展的理念纳入培训重要内容，打造品牌课程；并在提升改革创新能力、公共服务能力、社会治理能力、国际交往能力、群众工作能力、应急管理能力、媒体应对能力方面形成了独具特色的系列课程体系。行为训练，就是通过必要的角色规范和行为方式训练，对领导干部进行岗位技能、行为品格、意志品质和心理素质的训练，比如民主决策方法、情绪控制方法、媒体应对技术等，通过采取近似实战特点的行为训练，提高学员的心理素质、工作技巧和岗位技能。

学院在办学实践中强调理论联系实际的马克思主义优良学风，强化需求导向、问题导向、实践导向，将马克思主义基本原理与中国改革开放现代化建设的实践紧密结合，注重回答广大干部关心的热点难点重点问题。学院运用现代培训理念与方法，依托新型媒体与现代化的信息技术等教学手段，灵活运用讲授式教学、现场体验式教学、案例式教学、研讨式教学、情景模拟式教学等多种教学方式方法，突出学员的主体性，充分调动学员内生的学习积极性与参与性，提高培训的针对性和实效性。

"中浦院书系"以党的十八大和十八届三中、四中、五中全会精神与习近平总书记系列重要讲话精神为指导，围绕"五位一体"总体布局和"四个全面"战略布局，落实"五大"发展理念，聚焦改革开放中的重大理论与现实问题，集中反映我国经济社会发展的新理论、新知识和新实践，及时回应广大干部和社会民众普遍关注的热点问题，既是对我国改革开放和现代化建设事业发展的实践梳理和经验总结，又是对我国经济社会发展重点、难点、焦点问题的理论探索和理性分析，对全面深化改革开放的实践具有一定的指导和借鉴意义，同时也为干部教育培训提供了重要的辅助教材。

"中浦院书系"包括了学院在教学科研过程中形成的四个系列。

大讲堂系列。按照"四个全面"战略布局，围绕"创新、协调、绿色、开放、共享"五大发展理念，聚焦深化改革开放、城镇化与城市现代化、金融改革与现代企业管理、区域协调发展等五大系列品牌班次所开设的精彩讲座课程进行专题整理，形成了《改革开放实践与中国特色社会主义理论体系》《科学发展观的理论与实践》《创新驱动发展：理论与实践》《城市经济结构战略性调整》《产业经济的发展与创新》《金融改革与风险防范》《运用现代金融，促进经济发展》《国企改革与发展》《区域协调发展的理论与实践》《城镇化与城乡发展一体化》《城乡统筹与农村改革发展》《智慧城市与城市现代化》《资源节约型、环境友好型社会建设》《生态文明建设》《"一带一路"与对外开放》《中国特色的自贸区建设》《企业国际化中的政府行为、企业策略和市场机制》《城市文化发展》《政府职能转变与社会和谐发展》《加强社会建设和创新社会管理》《全面推进法治建设》《党建改革与创新》等30个专题。学院实行"开门办学，开放办学"，坚持"专兼结合、以兼为主"的原则，从国内外选聘具有丰富领导经验的中高级领导干部、具有较高学术造诣的专家学者以及具有丰富管理经验的企业家作为学院的兼职教师，尤其注重聘请那些在改革开放与现代化建设过程中干过事情、干好事情的人来培训正在干事情的人，把改革开放、现代化建设的实践素材转变为教材、实践者转化为授课者、实践地转化为授课地。注重把党性教育与专业化能力培养、理论教育与中国特色社会主义鲜活实践紧密结合起来。目前，学院已形成1000余人的相对稳定、不断优化的兼职教师队伍，成为学院培训的主力军。大讲堂系列所选入的专题讲座，是部分专兼职教师的精彩演讲，这些讲座内容不仅对广大领导干部的学习具有参考价值，而且对那些关注当代中国社会热点问题的人也有启发作用。

案例系列。建院十一年来，学院非常重视开发、利用、积累鲜活的和富有中国特色的案例，把案例开发和教学紧密结合起来，形成了案例开发与应用的新机制。学院通过公开招标，设立了十多个教学案例研究开发课题，并将案例及时运用到教学中去，"危机决策流程模拟"等一批案例教学课程受到学员欢迎。2009年以来，学院设立了"改革开放经典案例研究"专题项目、"基层党建优秀案例征集与评奖活动"，2012年又启动了"科学发展观案例"的收集与整理。学院采取与社会各方面力量合作的方式，进一步丰富了教学案例，形成了中浦院特色的案例教学模式和干部教育的教学案例库。目前已经完成了包括《科学决策案例》《高效执行案例》《沟通艺术案例》《组织文化案例》《组织变革案例》《危机管理案例》《教育培训案例》《心理调适案例》《书记抓党建典型案例》等九本案例集。

论坛系列。学院从创办以来就非常重视论坛发挥融智、创智的重要作用，注重论坛的开放式、高端化、国际化，邀请国内国际著名机构合作举办专题论坛，并纳入教学安排中，整建制地组织契合论坛主题的专题研讨班参加论坛，并邀请学员进行主题发言和研讨交流，开创了独特的论坛式教学，得到了广大干部的好评和社会的广泛认可。自2005年建院至今，学院举办了大大小小论坛近百次，邀请了60多个国家和地区的各界专家近千人，就国内外政治、经济、社会、文化问题进行深入的交流研讨，为政府决策提供智力支持。目前，我们已经打造了在国内外产生较大影响、具有良好声誉的论坛，如中国新加坡高层论坛、中浦国际领导学论坛、中浦长三角高层论坛、中浦金融论坛、中浦"一带一路"（自贸区）论坛等。此次集结出版的是代表性论坛的收录文章和讨论成果，目的就是凝聚共识，传播卓识。

研究报告系列。研究是提升办学质量与学院可持续发展的重要支撑。从创办以来，学院就以建设研究型创新型的学院为目标，提出了"科研支撑和服务教学"的发展战略，倡导"教学出题目，科研做文章，成果进课堂"的理念。学院成立 10 多个科研平台服务教学培训，重视"双师型"队伍建设，强调教师不仅要重视学科专业的发展，提升教学科研水平，同时作为一位培训师还要重视干部培训规律和干部成长规律的研究，并将专业研究成果和培训规律研究成果转化为教学培训内容。鼓励广大管理人员以教学为中心，深入一线，紧紧围绕学院发展战略、教学培训管理科学化、培训质量水平提升、核心竞争力培育等等开展常规工作的研究。学院长期对中国干部教育培训开展规律性研究和理论探索、实践创新，形成了目前国内独特的干部教育学学科，创办了具有一定影响的《干部教育培训研究》刊物，培养了一批具有一定理论基础、丰富实践经验、探索创新精神的干部教育培训研究队伍，在中国干部教育培训理论研究领域与实践创新领域产生了一定影响，为学院走在干部教育改革创新的前沿阵地提供了可持续的动力和支撑。研究报告系列包括《中国领导学研究（2006—2008）》《中国领导学研究（2009—2013）》《中国干部教育培训发展报告·2009》《干部教育培训改革与创新研究》《中国干部教育培训研究年度报告》等等。这些研究报告是我们追踪领导学、干部教育学学术前沿，进行理论探索与实践探索的结晶。

总之，"中浦院书系"充分体现了学院"国际性、时代性、开放性"办学特色，是中国浦东干部学院办学 11 年成果的集中展示。参与"书系"编写工作的不仅仅是学院的教研人员，而且包括学院的学员、兼职老师以及社会各界关心学院发展的领导、学者和实践者，他们为书系的出版做了大量工作，不能一一列举，在此一并致谢。这项工程也得到了人民出版社领导、编辑的大力支持，他们为"书系"出版付出了辛勤的劳动，在此表示衷心的感谢。

中国浦东干部学院常务副院长　周仲飞

2016 年 3 月

目录

中浦院书系 · 研究报告系列

兰州"4·11"自来水局部苯超标事件

　　2014 年上半年全国各地水污染事件频发，4 月 11 日兰州公布自来水局部苯超标，让民用水安全和化工产业布局再次跃入公众视野。4 月 23 日长江汉江段氨氮超标，武汉紧急停水。5 月 9 日，长江江苏靖江段水质异常，靖江停水。其中兰州水污染事件发生后，随着越来越多的信息被披露，人们针对为什么自来水苯超标从确认到通知市民整整用了 22 个小时？自来水苯污染的源头来自哪里？服役了 58 年的自流沟到底能不能继续使用？为兰州市 400 万人口供水的供水企业为什么会被化工厂包围？兰州威立雅水务集团公司明知地下管网有问题为什么 7 年时间都没有采取修复措施？城市公共安全发生后，政府、企业和公众究竟该如何处置？2014 年兰州饮用水苯超标污染事件再一次为城市水安全管理敲响了警钟。

一、案例始末

　　兰州市依黄河而建，世界地理版图的几何中心，黄河自东西穿城而过。由于南北两山夹峙地形的影响，市区东西狭长，约 30 千米，南

北最窄处，仅 5 千米左右。兰州市属温带大陆性气候。年平均气温
10.3℃。夏无酷暑，冬无严寒，是著名的避暑胜地。兰州地势西部和
南部高，东北低，黄河自西南流向东北，横穿全境，切穿山岭，形成
峡谷与盆地相间的串珠形河谷。峡谷有八盘峡、柴家峡、桑园峡、大
峡、乌金峡等；盆地有新城盆地、兰州盆地、泥湾—什川盆地、青
城—水川盆地等。还有湟水谷地、庄浪河谷地、苑川河谷地、大通河
谷地等。

　　兰州威立雅水务集团公司是 2007 年在原先的兰州市自来水公司的
基础上成立的合资公司。也是兰州 400 万人口唯一的饮用水供应商。兰
州市政府占 55% 的股份，威立雅占 45% 的股份。威立雅的前身兰州自
来水公司建于 20 世纪 50、60 年代，位于大型企业兰州石化公司的核心
位置，周围被多家化工企业包围。兰州石化集团是我国西部地区最大的
一个石化基地，也是我国最早的一个石化基地。新中国成立初期，为了
给我国唯一的一个油田甘肃玉门油田配套石油炼化基地。因为兰州城区
常年是以东风为主，兰州石化就将厂址选在了我国西部最大的城市兰州
西部。当时兰州自来水厂是作为兰州石化配套项目设计，主要任务是给
石化基地供水。而随着兰州市城市规模的扩大，城市居民饮用水需求增
加，这个水厂逐渐承担了为整个城市提供饮用水的功能。这样的饮用水
功能和化工产业布局之间天然的矛盾就给饮用水安全带了天然风险，而
且随着时间推移，地下管网安全、地下水污染隐患、地下建筑结构缺陷
等一系列问题越发凸显出来，并相互交织，使得城市饮用水公共安全的
问题在 2014 年集中爆发出来。

　　兰州威立雅水务集团公司位于黄河沿岸，共分为两个分厂。一分厂
负责用泵站从黄河取水，经沉淀后通过管线输送到二分厂。二分厂负责
把水净化处理，然后把水输送到千家万户。从一分厂向二分厂送水的沟
渠有两路。南线带压力的沟渠是球墨铸铁管质地，主要供水给兰州市中
心区域，这条线路没有受到污染。北线是不带压力的自流沟渠，是混凝
土结构，主要供水给西固区和安宁区两个西部城区供水。此次问题水源

事后被确定为北线的自流沟。而此次苯超标的发现纯属偶然。

（一）迟到的 22 个小时

2014 年 4 月 10 日，威立雅水务集团公司水质检测中心一共进行了 21 次苯的检测。最早的一份是上午八点多进行，26 分钟后，第一份检测报告出来显示水样的苯含量异常。我国饮用水卫生标准规定，自来水中的苯含量不得超过每升 10 微克。第一次检测出的 9.8 微克，虽然没有超标，但是已经到了危险边缘。在这个数据出现以前，兰州威立雅水务集团公司的检验员从未在出厂水中检出过苯。看到苯含量达到 9.8 微克临界值时，检测员的第一反应是质疑检测的容器可能遭到污染，因为从 4 月 2 日开始对水质进行检测以来，有机试剂用得也比较多。为了排除试剂等检测环境的影响，检验员对同一批次水源地黄河水的水样进行检测，结果显示苯含量几乎接近没有。但是检验员做了同一批次水厂管网水体指标时，做出来的结果发现管网水中的苯含量接近了 10 微克的限值。

1. 被提前了 106 项检查

4 月 10 日，监测出水苯含量超标也是偶然的。按照规定，水务公司每天都要进行的检测主要是针对浊度等 9 项内容，并不含对苯等的检测。因为苯不是常规指标，地表水为水源的要求是每半年检测一次。这次水务公司把半年一度的检测提前到了 4 月份是有原因的。原来，2014 年 3 月初，兰州市民反映有很多市民家中的自来水有异味。对此，兰州威立雅水务集团公司对水质已经进行过一次全面的检测，共对 106 项指标进行检测，没有发现任何超标物质。但也可以确定的是，饮用水在 3 月 6 日之前没有被苯污染。在指定的 106 项检测中，苯这项是在 4 月 10 日开始检测，但对于在出厂水中检测出苯物质的检验员来讲，这已经非常异常，她随即把检测出苯的结果向检验中心的领导作了汇报。在随后的进一步试验中，检验员测出随机从水龙头取样的水，检测结果显示苯含量 118 微克。苯超标了近 12 倍的数据出来时，已经是下午 18 点 30 分。从检测发现苯物质到技术上完全确认苯超标，检验员共做了 17 次不同水样检测，共用了近 10 个小时。

2. 6 个小时的自查和决策

无知和疏忽造成的危害不相上下。当兰州威立雅水务集团公司负责生产的副总经理得知消息后，这位第一个知道消息的水务集团公司高级管理人员根本不敢相信。如果数据搞错，如果是场虚惊，水污染消息报错了将是一件非常严肃的事情。从 6 点半到 9 点半之间 3 个小时，这位负责生产的副总经理没有向任何人汇报，而是在他 9 点半到了实验室向检测人员将整个过程确认无误后，向威立雅公司董事长做了电话汇报。董事长得知消息后并没有向市政府汇报，而是继续等待下一步确切的数据。在企业看来，向政府部门汇报之前必须要找到苯的来源。在董事长的要求下，检测中心在晚上 10 点 50 左右重新取样，又做了三次检测，终于找出了污染源来自一水厂和二水厂之间用于输水的自流沟。苯的来源终于有了结论，时间已是 4 月 11 日凌晨零点 50 分，距离第一个检测员确认并上报苯超标的时间已经又过去了 6 个小时。

3. 6 个小时报送到市委市政府

4 月 11 日凌晨零点 50 分后，检测中心和兰州威立雅公司管理层开始向各自对口的上级主管部门汇报。兰州市城乡建设局是最早得到兰州威立雅水务集团公司报告的政府部门。4 月 11 日凌晨零点多，兰州市威立雅水务集团公司给兰州市城建局局长打了电话，告诉局长自来水化验有点异常，苯有点超标。城建局局长并不相信，让企业再次确认。4 月 11 日凌晨 3 点 24 分威立雅公司董事长给城建局局长发了一个短信，但是因为局长已经睡下，直到早上 5 点多以后才看到短信。然而，局长看到短信后等到 7 点多，把董事长的短信原封不动地转发给市长和主管副市长。局长之所以没有及时向市领导汇报的原因是"没敢汇报，因为想着半夜里不敢打扰领导"。威立雅水务集团公司董事长也是同样的心态在 3 点 24 分给局长发了短信后，由于不想在深夜打扰领导，就再也没有打过电话。市委书记是 6 点 40 分得到报告。就这样这个消息从企业传到市委市政府共用了将近 6 个小时。

4. 迟到的第一场新闻发布会

4 月 11 日上午 8 点，兰州市委书记召集所有政府相关部门在距离兰州主城区大约 1 小时车程的兰州威立雅水务集团公司进行会商。会商的主要议题之一就是"什么时间向社会公开信息议题"，会议首先安排送水的事情，不能发生哄抬物价的事情，必须要把所有的事情都安排好再开新闻发布会，会议决定在下午 4 点半发布饮用水苯超标的信息。4 月 11 日，兰州市政府一共调集了 2 万多吨瓶装水和桶装水。下午 4 点半新闻发布会召开。与此同时各个社区开始张贴通知警示市民，发放瓶装水，安排消防车送水。当晚，兰州市市民的手机开始陆续收到手机短信，电台电视台开始公布消息。这样，从第一个检测员确认苯超标到消息公布整整用了 22 个小时。

（二）密集的新闻发布会

第一次新闻发布会因为在苯超标事故发生了 22 个小时候才召开就立刻引来市民不满和责问，兰州市民认为"既然 10 日晚上已经发现水污染，就应该在最严重的时候通知市民，就应该立即断水"。但是，随后的 5 场新闻发布会密集出台，逐渐消减了民众的怨气。兰州市政府共召开了六次新闻发布会。

4 月 11 日下午 16 点 30 分，兰州市政府在兰州威立雅水务集团公司召开第一次新闻发布会，兰州市委副书记、市长袁占亭向新闻媒体通报了自来水苯超标受到污染的有关情况，告知市民从 4 月 11 日上午 11 点到 12 日上午 11 点，市区内将降压供水。随后兰州的四个区大街小巷都贴出了一张通知,告知市民自来水因受苯污染,24小时之内不要喝自来水。兰州市电台、电视台、手机短信也纷纷向市民发出了警告。兰州人一瞬间遭遇到水荒。同时人们开始质疑信息发布得不够及时。

4月13日15点20分,兰州市政府召开第二次新闻发布会,通告污染原因已经初步查明。兰州市的供水企业,兰州威立雅水务集团公司的一条自流沟被油污污染。油污来自自流沟旁边的兰州石化厂区。在1987年、2002年的兰州石化厂曾经发生两次生产事故,油渣渗漏到周边附近的土壤中污染了地下水。这次新闻发布会同样遭受市民不满,质疑"为什么这么快就能查明事故原因?"

4月14日上午11点左右,兰州市政府召开第三次新闻发布会,兰州市委外宣办主任通报,在三个区的水质恢复安全以后,西固区解除应急措施,自即日起兰州市自来水全部恢复正常供水。尽管如此,仍然有很多市民不敢饮用自来水。

4月14日下午,兰州市政府新闻办公室举行第四次新闻发布会,兰州威立雅水务集团公司向媒体通报了该集团应对自来水苯指标超标事件始末。

4月15日下午15点,兰州市政府召开第五次新闻发布会,"4·11"局部自来水苯指标超标事件应急处置领导小组通报称,从15日下午开始,"4·11"局部自来水苯指标超标事件应急处置转入正常状态。

4月22日下午15点,兰州市政府召开第六次新闻发布会,兰州威立雅水务集团公司通报了"4·11"局部自来水苯指标超标事件中采取的应急措施。发布会上,兰州威立雅水务集团公司董事长首次公开道歉,并向市民、媒体和有关各方在此次事件中的理解支持鞠躬道谢。当被追问到"如何对市民进行赔偿"的问题时,威立雅水务集团公司董事长回答:"最近可能会考虑,但现在具体还没有研究。"

二、案例分析

（一）事件性质

兰州自来水苯超标事故是供水安全责任事件。20 名兰州市政府相关部门，兰州威立雅水务集团公司和兰州石化相关负责人被追责。造成这次局部苯超标的直接原因，是兰州威立雅水务集团公司 3 号、4 号自留沟超期服役，沟体出现裂痕和缝隙。兰州石化公司历史积存的地下含油污水渗入自留沟，对输水水体造成污染。兰州将采取把苯等有机物纳入日常水质检测，尽快启动第二水源地建设在内的措施以保障供水安全。

（二）超龄服役 58 年的自流沟

自流沟始建于 1955 年，1956 年建成使用，到 2014 年已经服役了58 年。这次的污染点北线自流渠就是位于一分厂和二分厂之间负责输水的 3 号、4 号自流沟的西段。因为这两条沟渠长体积大，为了防止断裂，中间每隔一段就会有个伸缩缝。污染就是伸缩缝出现了渗漏的现象。伸缩缝用沥青马蹄脂做密封，这种材料溶于油，碰到油就会互相溶解，化了以后，浮在地下水上边的污染物就会通过缝隙进入到自流沟。兰州威立雅水务公司周边被橡胶厂、化肥厂、炼油厂、电厂等高污染的企业包围。这些企业大多是在几十年前建厂，当时的污水处理和防渗设施都不完善。因此多年下来，地下水都受到不同程度的污染。4 月 13日在兰州市政府召开的新闻发布会上，事故调查组组长确定调查初步判定油污的来源就是兰州石化公司曾经在 1987 年和 2002 年发生过两次爆炸事故。爆炸时喷射出的油渣进入土壤污染了地下水和土壤。地下水和渗入进去的油污混合成所谓的"含油污水"。这种含油水通过伸缩缝进入自流沟就成为水务公司长期头痛的重大隐患。2007 年水务公司还对渗漏做了技术上的尝试,比如用 PE 板材作为内衬把油封在外面,虽然技术上可行并在自流沟东侧的 700 米处取得很好的效果,但是由于资金投入巨大,就一直搁浅至今。

(三) 突如其来的搬迁

自来水厂被化工企业包围的行业布局已经完全不适应现今的社会发展,兰州石化的搬迁问题在兰州已经讨论了多年。但对于这样特大型企业,搬迁意味着重建。因此,"迁厂"还是"迁人"成为历任兰州市委市政府焦灼的议题。兰州自来水苯超标事件发生后,兰州石化的搬迁又被提了出来。而这次,迁人成了首选。贾家堡是位于甘肃兰州核心工业区西固的一个小村落,只有 300 余户人家。贾家堡以北是兰州石化 304厂,以西是兰州石化 302 乙烯厂,南边是一家化肥厂,这里被人们称为"厂中村"。2014 年 4 月 11 日,兰州发生自来水苯含量超标事件,检测出苯超标的是水务集团一厂到二厂之间一条三公里的自流沟,其中有近一公里就在贾家堡的土地下面。兰州市自来水供应恢复正常后,贾家堡和邻近牟家堡的 95 户村民接到了政府的限时搬离通知,要求 3 天内搬离"厂中村"。贾家堡人在过去的十余年里一直抱怨村里总是弥漫着刺鼻的气味,时间长了睁不开眼,上了岁数的大都气管不好。环绕村子的工厂也曾经发生过至少 6 起严重的安全事故。多年来,村民申请搬迁无果。而"4·11"兰州自来水苯污染事件不仅让外界熟知了"厂中村",更让他们期盼已久的搬迁立刻提上了日程。4 月 13 日,西固区政府进驻"厂中村",结果自流沟南北 5 米范围内 95 户村民三天内就搬离了。

（四）艰难的环境公益诉讼

2014 年 4 月 14 日上午，兰州市公民王纬、刘庆元、温军、徐子崎、火东兵 5 人联名到兰州市中院起诉兰州威立雅水务集团公司侵犯公民健康权。然而，该法院立案庭拒绝立案受理。不予受理的理由是源自《民事诉讼法》第 55 条之规定，"对污染环境、侵害众多消费者合法权益等损害社会公共利益的行为，法律规定的机关和有关组织可以向人民法院提起诉讼。" 公民个人起诉无诉讼主体资格。律师认为，兰州市民与威立雅公司之间存在供水合同关系，作为合同相对人，当然有权起诉。为此，双方发生了短暂的争执。最后，律师要求按《民事诉讼法》第 123 条规定，如果法院不予受理，请按规定给起诉人出具《不予受理裁定书》，但此要求同样被拒绝。

2014 日 4 月 15 日上午，该五位起诉人再次到兰州市中院立案庭，提出《民事诉讼法》第 55 条并未限制作为利害关系人、合同相对人的水污染受害居民不能起诉，故再次请求立案。经过反复交涉，中院立案庭田庭长认为不按 "环境污染、侵犯众多消费者权益" 的公益诉讼，按个人的侵权诉讼，可以到基层法院去起诉。兰州中院的法律依据是《民事诉讼法》第 55 条之规定，"对污染环境、侵害众多消费者合法权益等损害社会公共利益的行为，法律规定的机关和有关组织可以向人民法院提起诉讼"。但是条款所指的可以向法院提起诉讼的 "法律规定的机关和有关组织" 是谁？并没有定论。因此在实际法律操作中，法院无法认定 "有关组织" 究竟是哪些组织，什么组织。

4 月 15 日下午，五位起诉的公民到了兰州市城关区法院立案庭大厅。该院立案庭的法官先是拒绝受理，认为应该按 "被告住所地"，到被告所在地的西固区法院去起诉。随行律师当即反驳，按照《民事诉讼法》规定，侵权类案件，"被告住所地"、"侵权行为地" 的法院均可立案管辖。该法官随即提出，按 "侵权行为地" 也可以，但是要到原告户籍所在地的派出法庭去立案。

4月16日上午,五位起诉的公民到了兰州市城关区鼓楼巷法庭,该法庭是五位起诉公民之一、刘庆元先生的户籍所在地法庭。然而,该法庭的法官也是拒绝受理。理由是,水污染事件发生在西固区,"侵权行为地"应该是在西固区,故应该到西固区法院起诉。刘庆元先生反驳,依据《民事诉讼法》规定,"侵权行为地"包括侵权行为实施地、侵权结果发生地。被污染的水从西固区流向兰州的千家万户,原告当然是侵权结果发生地。该法官却说,媒体报道水污染的地区是西固区和七里河区,城关区没有污染。当五名原告提出请按规定给起诉人出具《不予受理裁定书》,该法官称不可能出具。这样,兰州市受水污染之害的居民试图通过诉讼维权的渠道暂时被法院堵死。

4月23日,五位公民向甘肃省高级人民法院投诉。4月25日,兰州中院给当事人打电话,要求当日下午3点"面谈",结果只得到一句话:"你们到城关区法院去。"

4月24日,十二届全国人大常委会第八次会议以高票赞成通过了新修订的《环境保护法》,这是《环境保护法》实施25年来的首度大修,同时也首次对环境公益诉讼作出了规定。值得注意的是,目前符合诉讼资格的公益诉讼主体已经从最初方案的一两家,扩大至超过300余家,相比公益诉讼去年上亿索赔零受理的尴尬,修订后的《环境保护法》放开了社会组织的诉讼权,新法实施后环保公益诉讼将会迎来一个"井喷期"。

三、借鉴与启示

兰州水污染事件引发的不仅仅是城市的饮用水公共安全问题,水危机是错综复杂的系统危机。政府如何在严格遵守逐级信息报送的基础上，能够主动"先声夺人"发布信息；职能监管部门如何在各司其职的基础上，能够主动"靠前一步"加强监管；供水企业如何在规范经营的基础上，能够主动"承担责任"。根据中国上市公司舆情中心监测，以"兰州市水污染"为关键词，出现的新闻及转载数量高达 17,400,000 篇，热度达到"赤色"级别。无论是在主流媒体场还是草根舆论场，均引起热烈讨论。15 日，官方权威媒体《人民日报》刊文谈兰州市水污染事件，称"见瓶水之冰而知天下寒"；17 日，都市类报纸《新京报》继续跟进，刊文《十问"兰州市水污染" 专家称绝非个案》。兰州水污染事件引发的质疑值得我们认真思考和回答。

质疑一：威立雅水务集团公司为什么要 18 个小时瞒报水污染信息？

"11 日凌晨 3 时起，威立雅水务集团公司就开始向水厂沉淀池投加活性炭，这意味着威立雅凌晨 3 时就知道自来水苯超标，他们为什么不通报？为什么媒体报道后这个消息才被公众知道？""从凌晨 3 时到中午时分近 10 个小时，有许多市民都在喝着苯超标严重的自来水，这个责任该由谁来负？"兰州威立雅水务集团公司一位相关负责人说，检测到苯超标后核查需要一定的时间，上报也需要一定的时间。但民众认为，现在的分析仪器都高度自动化，可实现对水质的快速分析，所谓上报，也就电话来往而已，加起来需要 18 个小时的时间吗？苯超标信息发布延迟背后，到底是相关部门官僚所致，还是存在瞒报，当启动调查问责。

质疑二：政府要求市民 24 小时不宜饮用自来水的依据是什么？

2014 年 4 月 11 日下午 16 时 30 分在兰州市政府举行新闻发布会上，政府提供给媒体的新闻通告建议市民 24 小时内不宜饮用自来水。那么 24 小时的科学依据是什么？24 小时后能否消除影响？威立雅水务董事长姚昕则表示，导致自来水苯超标的自流沟是在 11 日 11 时切断的，因此 24 小时不宜饮用自来水的截止时间是 12 日 11 时。而不宜饮用的时间之所以确定为 24 小时，是因为公司第一、第二水厂处理时间共需 10 个小时左右，第二水厂出来的自来水输送到兰州市区最东端的东岗地区需要 8.5 小时。根据这个时间判断，含苯的自来水在 24 小时内是不宜饮用的。

质疑三：政府公布的自来水被污染的原因为什么朝令夕改？

苯超标事件发生后，11 日甘肃省环保厅环境监测站称，兰州自来水厂 1、2 号泵房苯含量上升是水厂泵房实施清洗作业所致。市民质疑，水厂泵房正常的清洗作业，怎么会造成有毒物质侵入输水系统？这无疑有悖于常识。12 日，兰州市政府通报称，此次自来水苯超标的源头是中国石油天然气公司兰州石化分公司一条管道发生泄漏，污染了供水企业的自流沟所致。13 日晚，专家组初步确认含油污水是导致自来水苯超标的直接原因，而油污主要来源于兰州石化 1987 年和 2002 年的两次爆炸事故。该两次事故使渣油泄露渗入地下。官方信息发布的朝令夕改，令政府公信力蒙尘，现在公众无疑想知道，这样的信息是如何出笼的？

质疑四：兰州自来水苯含量超标的有关数据为何信息混乱？

有记者从甘肃省有关部门了解到，兰州市威立雅水务集团公司在 4 月 10 日 17 时进行水质检测大分析时，发现苯含量超标。然而，兰州市政府、甘肃省环保厅、兰州市威立雅公司和兰州市疾控中心联合举行的新闻发布会上将发现苯超标的时间定在 11 日。不仅如此，苯含量也出现"跳水"，兰州市威立雅公司 10 日 17 时对出厂水的检测数据是苯含量高达 118 微克 / 升，但到了新闻发布会时，这一数据突降到 78 微克 / 升。市民质疑，2014 年 3 月 6 日有市民反应自来水有问题，事后政府不停地辟谣，并且威胁要抓捕造谣的人，直到 4 月 11 日晚上 8 点，兰州市政府给市民发短信，称自来水苯超标不宜饮用，承认自来水有问题，已一个月有余。从之前的否认，至 11 号下午忽然承认自来水苯超标不宜饮用，政府的态度转变之快，令人惊讶。

质疑五：政府在突发事件新闻处置中的应对为什么总是自我美化？

在各大网站上，在兰州市内的媒体上，几乎全是新闻通稿，一律是在表扬市政府作出的快速反应！好吧，就算 3 月 6 日有人反应水问题，政府出来辟谣，装作不知道。那么政府自己出的新闻稿中说 4 月 10 日下午的检测结果，苯含量就已经 118 微克/升，超标了十几倍，为什么所谓的由市长袁占亭为组长的"4·11"自来水苯指标超标事件应急处置领导小组，不叫做"'4·10'自来水苯指标超标事件应急处置领导小组"呢？苯超标了十几倍，还不急么？在平时 1 元的瓶装矿泉水已经被抬到 5 元一瓶时，政府还口口声声地保证免费提供瓶装矿泉水，并且充足提供，都不知道说这话的底气从哪里来！请兰州市政府不要把严重的水污染事故变成一个"政绩场"！

质疑六：自来水污染的信息发布是向政府负责还是向市民负责？

兰州市威立雅公司一名部门负责人否认刻意隐瞒信息。他说，自来水中的苯从检测出来到最终确认需要一个过程，企业在发现苯超标后的第一时间就向城建、环保等部门作了汇报，但不能刚一发现超标就向社会宣布，因为还要进行复核确认。在回应"沉默 18 小时"，即为何不在第一时间公布自来水苯含量超标时，兰州威立雅水务集团的负责人如此辩解"不能一发现问题，就关水，必须先确定污染源性质"，并认为应由政府负责信息发布。

质疑七：公用事业的自来水为何要法国公司来经营管理？

外资控制了中国绝大部分自来水业务，仅法国威立雅集团一家公司就控制了中国城市 60%的业务？城市自来水是比所有战略产业都更加重要的生命产业。美国不仅不允许外国公司控制，甚至连本国公司都不让插手，而是由军方直接管理，实现军管，外人要参观自来水厂需要国防部批准。财经媒体《每日经济新闻》、《21 世纪经济报道》等纷纷从兰州市自来水的唯一供给方威立雅水务集团公司切入，揭秘其"中国生意"背后存在的不轨和问题，为何上千中国市民的饮用水竟然由法国公司负责？法国威立雅公司在收购兰州供水集团之后，除了名字换成了之外，取水、处理水的绝大部分设施，没有投资建设水管网络，也没有引入新的技术，专家也没有过来，专业经理也没有聘请，整个企业原班人马一点没变，都是 2007 年公司被收购以前的资产，有的还保持着 20 世纪50年代修建时的模样。

2002年12月，建设部发布《关于加快市政公用行业市场化进程的意见》，鼓励社会资金、外国资本采取独资、合资、合作等多种形式，参与市政公用设施的建设，形成多元化的投资结构。2004年3月，建设部发布《市政公用事业特许经营管理办法》，威立雅、中法水务等外资水务巨头纷纷与国内水厂进行合资，出现了水务改革的第二次浪潮。只是各地把建设部要求的水务经营改革，变成了产权改革，直接把自来水公司的资产卖给了外资公司。股权改革和特许经营权放开之后，一批内外资企业开始以各种方式进入到各地水务企业当中。但是，2003年以来，在大型项目的招标当中，已经很难见到"本土水务"企业的身影。由于政府是谁出的价更高就卖给谁。所以，在国内二类城市的争夺上，像首创股份这样的国内企业还有机会争一争，在一类城市的大型项目上国内企业已经没有任何优势，外资给出的报价通常是国内企业的3—5倍。①

质疑八：为什么政府主管部门没有履行监管职责而让法规制度成为摆设？

按照国家有关规定，兰州市城乡建设局是兰州威立雅公司最直接的行政主管部门，负有日常生产监管的职责。长期以来，城建局通过检查水厂的巡查记录来履行监督管理责任，而平时的监管巡查是由威立雅水务公司自己进行。对于这次自来水局部苯超标事件中暴露出的水厂施工建筑以及设备的安全监管问题，城建局也只是负责抽检，主要检查工作依然依赖水务公司的自查。这就明显看出，城建局对企业的监管更多是流于形式，能否查出问题完全取决于水务公司的"良心"和"自觉"。

对于饮用水安全的监管问题，兰州市卫生部门也应该负有责任。根据1996年发布的《生活饮用水卫生监督管理办法》规定，县级以上地

---

① 《美国自来水由军方管理，中国自来水由外资经营，风险莫测！》，《知音》2014年6月30日。

方人民政府卫生部门主管本行政区域内饮用水卫生监督工作。建设部主管全国城市饮用水卫生管理工作。县级以上地方人民政府建设行政主管部门主管本行政区域内城镇饮用水卫生管理工作。按照规定兰州市卫生局相关部门需要对兰州市 157 个监测点的各种水样进行定期监测。其中包括管网末梢水，也包括兰州威立雅公司的出厂水。我国 2006 年颁布的《生活饮用水卫生标准》规定，42 项常规指标限值，62 项非常规指标限值，苯类物质属于非常规项目。但是兰州市卫生局卫生监督站 2013 年的全项目检测并没有做全。包括苯类物质检测的非常规项目按照兰州市规定是由省承担做，但由于设备没有到位，所以省疾控也没有做。由此可见兰州市卫生部门同样也没有履行法定的监督监管职责。

（李敏　编写）

广东茂名事件

一、案例始末

广东茂名是中国重要的石油化工基地。茂名石化始建于 1955 年 5 月,原油一次加工能力超过 2000 万吨 / 年,乙烯生产能力 100 万吨 / 年,是我国首座产能达到 100 万吨 / 年的乙烯生产基地。

茂名反对 PX 立项大游行,再一次把 PX 推向舆论的风口浪尖。近年来在公众抗议声中,PX 项目或立项停摆或别处复出,已经到了谈 PX 而色变的地步。作为服装行业的原料,PX 成为公众眼中高毒高危产品。中国是全球最大的服装制作及出口基地的现实,使中国成为亚洲最大的 PX 消费地区。长期 PX 产业高盈利和定价让位于日韩的现实,催生近年中国众多 PX 项目上马,但国内供需仍然未能平衡,2013 年中国 PX 对外依存率高达 56%。

其实,PX 本身是毒性相对温和的化工原料,但其副产品纯苯,确实是高毒性和高致癌的化学产品,更为严重的是,PX 项目周边衍生众多处理工厂尾料小作坊,是污染水源和土地的根源,这才是 PX 项目毒性来源的本质。对这样一个和民生息息和需求极大的化工产品,PX 项目在中国不是建不建的问题，而是国家怎样严格法律制度和企业怎样用一颗为社会负责的心去建设和管理运营的问题。

从 2007 年厦门 PX 项目因市民反对搬迁至古雷半岛，到 2011 年大连福佳 PX 项目防波堤发生溃坝，首度发生大型群体性事件；再到 2012 年宁波镇海炼化 120 万吨乙烯扩建工程，再度引发群体性事件，从 2013 年 5 月昆明民众聚集市中心抗议 PX 项目，到 2014 年年初四川彭州石化 PX 新装置投产在当地反对声一拖再拖，至 2014 年 3 月底广东茂名反对 PX 立项大游行，冲突再度升级。PX 作为这些群体事件的导火索，已经被舆论严重妖魔化，成为民众眼里的猛虎野兽，成为地方政府引资的摇钱树。

2012 年 10 月，茂名芳烃(PX) 项目正式获得国家发展改革委批准，由茂名市政府与茂名石化公司采取合资方式共同建设。茂名芳烃项目包括新建 60 万吨 / 年芳烃装置，配套建设原料及成品储罐、火炬设施，总投资 350515 万元。

作为基础化工产品，PX 已经成为当今人们生活中必不可少的元素，融入人们日常生活的衣食住行之中。全球生产的 3000 多万吨 PX，绝大部分都成为聚酯纤维的原料。大量的聚酯纤维被加工成服装，不仅满足全球 60 多亿人口的穿衣，还解决了自然纤维与粮食争地的问题，为我国节约近 2 亿亩耕地。

PX 不仅与人们的衣着有关，它也是可以直接入口之物，比如药物胶囊，PX 就是原料之一。在美国、澳大利亚等很多国家，PX 不算危险化学品。资料显示，无论是危险标记、健康危害性、毒理学资料，还是在职业灾害防护等标准下，PX 都不属于高危高毒产品。在欧盟，PX 也仅被列为有害品。

然而，在部分"环保人士"的反对中，中国 PX 项目停滞不前。

在 2013 年 5 月，中国石油在昆明安宁的 1000 万吨 / 年炼油项目遭到民众的反对。其中人们反应最强烈的，是这个炼油厂将生产 PX。这不是 PX 项目第一次遭到抵制。2007 年 6 月厦门 PX 项目、2011 年 8 月大连PX项目，以及2012年10月宁波PX项目都在公众抗议声中停摆。

中国石油化工集团公司经济技术研究院23日发布的报告称，作为重要的化工原料，近两年国内PX的短缺情形愈加明显。2013年，国内PX需求量达1641万吨，较上年增长18.5%。而PX净进口量猛增至870万吨，较上年增长42%，PX自给率已降至47%，预计2014年我国PX供应缺口将扩大至930万至950万吨。

二、案例分析

3月17日，茂名市委宣传部副部长杨华章向当地主要网站、三大运营商负责人布置了任务。当地还加强了网络舆情监控和引导：一是核心网评员严阵以待，引导网民理性看待PX；二是督促网站对敏感负面信息进行坚决屏蔽；三是会同有关部门对发表过激言论的网民进行身份核查，进行教育训诫和稳控。但事实并未如所愿。3月18日，茂名市委召开石油产业专题学习会，邀请中国工程院院士、清华大学化工工程系教授、化工科学与技术研究院院长金涌对茂名PX项目解疑释惑。

3月20日，茂名市下辖的高州市召开推进会议，推进PX项目成为茂名各地、各单位的"头等大事"，茂名市部分学校、单位要求签署《支持芳烃项目建设承诺书》，这种"硬性摊派"被认为违背了市民对PX项目的真实意愿，但沟通工作还未开启，已引发群众的抵制，成为这次矛盾爆发的燃点。

3月30日发生反对兴建PX项目抗议示威，公安与示威者之间发生严重暴力冲突。在社交网站"微博"上出现的照片显示，大批示威者在茂名市街头游行抗议，被掀翻的汽车起火燃烧，有示威者满身鲜血躺在路上。另有一些照片显示，武警列阵应对。

2014年3月30日上午，茂名市区一些群众为了表达对拟建芳烃

（PX）项目的关切，在市委门前大草坪聚集，并在个别路段慢行，整体情况理性、平和。下午，有小部分人上路堵塞交通，后逐步散去。但晚上10点半之后，小部分闹事者开始骑乘摩托车扔石头、矿泉水瓶等破坏公共设施，公安机关迅速行动，果断处置，有效控制了局面，事件中没有人员死亡。截至发稿时，全市社会面总体平稳有序。

2014年3月30日上午9时许，有80多名群众聚集在茂名市区油城五路大草坪并慢行通过市区部分路段，以表达对拟建芳烃（PX）项目的不满。当天下午3时许，又有部分群众聚集茂名市委门前表达意见，有少数人扔矿泉水瓶、鸡蛋等，并拦截车辆造成交通堵塞，警察带回挑头分子29人协助调查；当晚20时许，一群不法分子开始在市区拦车辆，实施打砸行为，事后开始冲击茂名市委北门和东门。晚23时许，违法分子将停在市委东门附近一辆正在执勤的警车烧毁，随后小部分闹事者开始乘摩托车继续在市区多个地方打砸沿街商铺、广告牌，纵火烧毁多辆执勤警车及无线电通讯车、拖车等。

"3·30"事件发生后，茂名市内各医院留院观察治疗15名伤者，其中包括4名受伤警察。一场混乱之后，茂名市政府在一场发布会公布调查结果，称："30日下午，在中心广场聚集的极少部分挑事分子带头向警察扔矿泉水瓶、鸡蛋等杂物，同时鼓动部分不了解情况的市民群众到高水一级公路拦截车辆，造成公路严重堵塞。当晚8点多，约40多名不法分子窜回市委对面中心广场，先后拦停两辆社会车辆，实施了打砸行为，并推翻其中一辆汽车，还追打上前劝阻的民警。到晚上10点，这伙不法分子纠集部分社会闲散人员用石块、玻璃瓶袭击市委门口，被警方驱离。随后，不法分子继续在市区多个地方打砸沿街商铺、广告牌，纵火烧毁一辆执勤警车。"

茂名市副市长梁罗跃说，少数不法分子借反对芳烃项目之机，在市区故意实施打砸烧等违法犯罪行为，为避免事态恶化，维护社会公共秩序，保护人民群众生命财产安全，公安机关迅速行动，依法果断处置，有效控制了局面，事件中没有人员死亡。

2014年3月30日，广东茂名市政府发布通告，称市区少数市民受不法分子挑唆，未经申请针对拟启动的芳烃项目举行集会游行示威，属严重违法行为，市政府坚决反对。市区少数市民未按照《中华人民共和国集会游行示威法》的规定，未向主管机关提出申请并获得许可，就针对拟启动的芳烃项目举行集会游行示威，属严重违法行为，严重影响了社会秩序，市政府坚决反对这种违反《中华人民共和国集会游行示威法》等法律法规的行为。针对广大市民表达的意见和诉求，市政府在项目论证的过程中，一定会落实群众的知情权、参与权，如实向国家有关部委和专家反映情况，切实做到项目建设实事求是、依法依规。茂名人关心茂名这座城市，说明城市发展大有希望。

同一时间，百度百科上也上演了一场PX词条的"争夺战"，以清华大学化工系学生为主的学院派，昼夜捍卫PX"低毒"属性长达120小时。在短短的5天内，词条被反复修改多达28次。在"战斗"最激烈的4月2日晚，词条每过半小时就会被刷新一次。网友除了坚守"低毒"阵地，更有复旦等高校化学专业学生加入"保卫队"行列，完善细节、留言声援、刷存在感。这不是百度PX词条第一次上演拉锯争夺战，早在2012年宁波反PX运动期间，对PX是否危险的观念冲突，就始终是抗议热潮中一个引人注目的子项。当时，PX词条在3天内同样被修改20多次，最短的间隔只有8分钟。百度官方最后将PX词条锁定。

2014年3月31日，茂名市政府新闻发言人接受采访时表示，广大市民关心芳烃项目市政府十分理解，该项目仅是科普阶段，离启动为时尚早。在考虑项目上马时一定会通过各种渠道听取公众意见再进行决策。如绝大多数群众反对，市政府是不会违背民意进行决策的。请广大市民理性表达意见，共同维护社会稳定。

31日，刘先生在21CN聚投诉上反映"茂名PX项目是拿生命在开玩笑，请公开说明污染危害"。随后引起北京多家重要官方媒体纷纷对广东茂名PX项目事件发表评论。

4月1日晚，有民众在茂名市政府门前聚集，警方除了施放催泪弹，还使用水枪驱赶民众，并有茂名市民到广东省政府外请愿，但很快被警方驱散，有数名请愿者被带走调查。有网民发微信谣传，身边游行的朋友被警方拘留，拘留过程中遭到殴打招供，但拘留满 24 小时后被释放。网上还传出一些茂名中小学向学生发放要求学生不参与妨碍政府推进重大项目建设的承诺书，并要求学生签字。

4 月 2 日下午，茂名市委党校市情研究中心诚邀一批知名网友在市委党校召开恳谈会。茂名市委副书记以一名普通网友的身份参加恳谈会并与网友们敞开心扉，一起交流探讨了近日发生的涉 PX 项目聚集事件。

4 月 4 日，有媒体报道称，"清华大学化工系学生昼夜捍卫 PX 词条"，在百度百科上上演了一场 PX 词条的"争夺战"，以清华大学化工系学生为主的学院派，昼夜捍卫 PX"低毒"属性长达 120 小时，引起媒体广泛关注。

2014 年 4 月 3 日（周四）下午三点，茂名市政府再次召开茂名市 PX 项目新闻发布会。主要内容如下：

第一，市委、市政府一直高度重视人民群众身体健康和环境保护。当初提出茂名芳烃项目的设想，是立足于芳烃项目安全可靠这一科学认定以及学习借鉴国内外成功经验做法为前提的。

第二，市政府没有制定开工建设芳烃项目的具体时间表。只是处于科普阶段，项目环评、立项等前期工作还没开展，远未具备国家有关部委同意施工建设的基本条件，离启动为时尚早。在这次事件中我们看到，部分市民在这个问题上还没有共识，我们将尊重民意、民情，在社会没有达成充分共识前我们决不会启动该项目。

第三，在项目普及知识阶段，部分群众表达了对这个项目的关切。在这次事件中，绝大多数表达诉求的群众是理性平和的。广大人民群众对芳烃项目所表达的关切和意愿，充分体现了大家对茂名的无比热爱，对茂名未来发展的深切关注，与市委、市政府的工作和愿望是完全一致的。但在事件中，极少数不法分子编造谣言、借机闹事，采取打砸烧等暴力手段破坏市政设施，扰乱社会秩序，危害公共安全，既违反了国家法律，又严重背离了广大群众理性表达对芳烃项目关切的初衷。对这些违法行为，公安机关必将依法严厉打击。

辟谣1：没有人员死亡，是一些爆料者向媒体添油加醋。

2014年3月30日，茂名市民上街游行反对PX项目事件发生后，茂名反PX游行造成"15死300伤""坦克车进城"等传言开始在网络上散播。

2014年4月2日，香港有媒体谣传"锁城遏示威茂名15死300伤"，并描述为"继日前有7死逾100伤后，新一波的流血冲突再造成8死200余人受伤"。对此报道，茂名市新闻办工作人员曾毅表示感到不可思议，当天他就在现场，警方采取了清场行动，有两人受伤，但没有人员死亡。茂名市政府的正式通告也明确，此群体性事件没有造成人员死亡。针对事件性质的演变，当地公安机关迅速采取措施应对。事件目击者、在茂名广电系统工作的张先生对记者说，最后清场阶段，有两名受伤人员被送到当地医院。

辟谣2：广铁集团、广州市交委和通讯公司均表示交通、网络没有异常。

事件发生后，茂名"停运巴士火车""中断上网"以封锁消息，阻止市民到广州上访的说法也在网络上流传。就此说法，广铁集团回复称，这几天没有因为茂名事件造成列车运行不正常；广州市交委查询广州几大客运站后表示，班车往来正常，客流也正常，没有所谓"停运巴士"现象。中国移动广东公司、中国电信广东公司、中国联通广东公司分别查实后回复称，茂名电信业务及网络业务正常，没有发生断网或非正常事件，信息畅通。唯一与平时不同的是，地方政府要求他们发布一些安民短信，告知市民最新动态，提示市民不要信谣等。

辟谣3：照片来自网络，是张冠李戴其他事件。

茂名事件中最耸人听闻的说法是"坦克车进城"。相关照片在网络、微信上满天飞。

针对其中一张号称实拍茂名大道上的坦克和装甲车正穿过桥底、行驶在大街上的照片，记者问询多位茂名市民，没有一个人见过坦克。经记者查实，该照片是前几年某部队训练行进在公路上的图片，却硬被说成是部队开进茂名的照片。

另一张所谓市民流血横卧街头的图片，出现在 2012 年 2 月 2 日浙江在线新闻网站上，图片说明是"大龄男子纠缠前女友被砍……"而另外一些反映群众聚集人数众多的照片，有的用到了以前江门群体性事件的图片，有的用到了广州岗顶反日游行的照片……均是张冠李戴，以假乱真。

考虑到茂名市民对 PX 项目的关切，茂名市政府表示，没有制定开工建设 PX 项目的具体时间表，环评、立项等前期工作还没开展，在社会没有达成充分共识前不会启动。茂名市政府同时表示，相关部门要区分市民群众合法表达意愿和不法分子借机闹事两种性质截然不同的行为。

三、启示借鉴

从该案例的舆情发展情况来看，29 日、30 日没有引起网民的注意，仅有《茂名日报》、《东方早报》等媒体报道，该阶段处于发酵前期。31 日，随着政府新闻发布会的召开，微博关注度也水涨船高。茂名官方微博 @ 茂名发布发出了"茂名市人民政府告全体市民书"。其中称，未经相关主管部门许可，针对拟启动的 PX 项目游行示威属严重违法行为……但市民关心茂名，说明"我们的城市发展大有希望"。

31 日，@ 人民日报发声，"30 日，广东茂名部分民众对拟建的 PX 项目表达关切，并引发冲突。这不是 PX 项目第一次遭到抵制。这个在全球需求量很大的新材料项目，在中国已经成了'过街老鼠'。公众对

PX 项目焦虑的背后，是对环评、安全和监管的不信任。PX 项目究竟是什么，风险有多大"，其转发数和评论数分别为 18469 条和 9708 条。

4月1日，传统媒体报道的逐渐增多，微博平台上网民关注度陡增，更多网友转载和评论的是 @东方早报的信息内容，但官网的报道被封。在新浪微博和腾讯微博上搜"茂名 PX"相关微博被屏蔽。

4月2日、3日、4日，在网友、媒体和市民的互动与"化学作用"下，茂名 PX 事件再次成为近年来规模较大、舆情争议激烈的群体事件。广大市民在网上发帖时纷纷谴责不法分子打砸闹事的违法行为，并表示"希望政府在处置事件过程中要特别注意区分哪些民众是合理反映诉求的，哪些是蓄意破坏的！""希望政府在听取民众诉求的同时，快点揪出不法分子，保障人民群众的安全。"网友"骑着蜗牛去旅行"表示，怀念热闹、祥和、安全的夜晚和美丽的大草坪，希望大家都保持理性和克制，还茂名美丽、祥和、安定的夜晚和美丽的大草坪。

从事后市民反映来看，大多受访市民积极看待政府关于此项目是否上马会充分听取民意才决策的回应，相信政府会公开透明地开展工作。说到小部分闹事者打砸烧等违法行为，以及网络传谣对自己正常生活造成的影响，市民们表示，少部分人的违法行为必须受到谴责，依法惩处，相信政府有能力维护好茂名的社会秩序。

受访市民纷纷表示，造谣者制造谣言，误导大家，扰乱社会秩序，实在可恶，应该严厉惩处！根据有关法律规定，造谣行为违反了《中华人民共和国治安管理处罚法》，会受到拘留、罚款等处罚，情节严重的还会构成犯罪。

从该案例的处置来看，从福建厦门到四川彭州再到云南昆明，有很多类似事件发生在前。对社会上的抵触情绪，茂名当地肯定也不会意外。可让人奇怪的是，为什么却"知之而不鉴之"，仍然没有做好信息沟通、情绪疏导，直到反对的声音以抗议的形式浮出水面，才发出一纸倡导"合法、平和、理性"的公开信？不管是媒体还是公众，在反思过去围绕化工项目发生的公共事件时，总是把沟通、交流、信息公开摆在最突出的位置。看来，无论说多少，还是说得不够。地方经济发展固然重要，但是，一再发生的 PX 事件，也提醒各级政府部门，在发展经济的同时，不能采取"鸵鸟政策"，也要统筹兼顾各方利益，用现代国家治理方式，解决发展和安全、发展和环境的各种问题。

在广州茂名 PX 事件中，表现最为明显的是"官民冲突"。"官民冲突"激化的原因涉及利益纠纷、思维局限乃至传统文化心理等多方面因素。目前，我国已发生多起 PX 群体事件，在很多公众心目中，PX 已与"有毒"、"致癌"等联系在一起，使之成为威胁人类居住的代名词。由此来看，公众反对 PX，主要源于某些地方政府和企业信任感的缺失。在这样一种片面强调立场，甚至立场高于真相的怪象。在危机迷情的情境下，社会舆论对政府要求在常态秩序上土崩瓦解，民众产生恐慌状态下的集合行为，在充满各种不确定因素的情境下，质疑、疑虑、愤怒情绪迅速蔓延成一种强大的集体无理性，呈现出民间舆论场各种传言甚至谣言的发酵与膨胀，而促使群体事件的恶化升级。

由此可见，信息不公开，没有权威专家论证，公众会很自然地将种种疑虑无限放大。在此次茂名 PX 项目事件中共出现"扭曲"和"误解"的谣言，从根本上看，表现出传播交流缺乏对等性。因此，在公关决策过程中，要求政府由始至终保持与民众对话的态度，共同推动政策议程的设置，摆正姿态承认网络民意表达中的合理部分。

参考文献

1. 邵全红：《茂名事件思考自媒体的问题与对策》，《新闻研究导刊》2014 年第 11 期。

2. 曾玉琴：《新媒体环境下邻避运动中民众对抗性解读行为研究——以广东茂名 PX 事件为例》，《戏剧之家》2015 年第 17 期。

3. 赵林欢：《人民网茂名 PX 事件报道研究》，《科技传播》2014 年第 20 期。

4. 刘建华:《广东茂名 PX 事件调查》,《小康》2014 年第 5 期。

5. 佘文斌、林素真:《新媒体语境下环境问题的协同治理——从厦门 PX 事件到茂名 PX 事件的思考》,《阴山学刊》2016 年第 1 期。

6. 田丽:《政治传播功能失效与环境群体性事件的关联性分析——以广东茂名 PX 事件为例》,《长江论坛》2014 年第 5 期。

（吴涛　编写）

美国弗格森骚乱

一、案例背景

2014 年 8 月 9 日，美国密苏里州圣路易斯县弗格森市，18 岁的非裔美国青年迈克尔·布朗（以下简称布朗）在未携带武器的情况下，遭到 28 岁的白人警员达伦·威尔逊（以下简称威尔逊）射杀。尽管威尔逊声称出于自卫，但许多证人表示，当时布朗手无寸铁，现场子弹全部来自威尔逊的武器。当地警方认为布朗涉嫌一起抢劫案，但直到被射杀时他和警员之间都没谈到劫案一事。自那以后，这起枪击案就牵动了美国社会的神经。

二、案例始末

2014 年 8 月 9 日正午 12 点，美国密苏里州圣路易斯县弗格森市，18 岁的非裔美国青年迈克尔·布朗（以下简称布朗）和友人约翰逊正在前往布朗的祖母家的途中。这时，28岁的白人警员达伦·威尔逊（以下简称威尔逊）在他们身边停下车，把他们拉到身边，喊道："给我他妈的走人行道！"要求二人走到人行道上。约翰逊回答："还有一分钟就到目的地了，很快就会离开街道。"结果白人警员威尔逊一语不发地把车往前开，然后突然倒退，把车停在十字路口，距离两人只有几英寸远。接着，被他用力打开的车门撞上了布朗，并将他弹回了威尔逊那儿。此时，威尔逊仍然坐在警车内，将手穿过打开的车窗，抓住了布朗的脖子，将其拽到自己跟前。期间，布朗试图逃离警察威尔逊，但对方操起队友的枪，嚷着"我要毙了你""我要开枪了"，几乎就在瞬间开枪击中了布朗。第一声枪响过后，布朗借机摆脱了威尔逊，夺路而逃。但警员威尔逊并未停止射击，而是离开警车继续追逐二人，并开出第二枪再次击中布朗。据布朗的同伴表示，布朗当时已经转过身，举起双手大喊："别开枪！我没有枪。"但威尔逊仍然开了数枪，最终在距离警车11米的甘菲尔德路2009区将布朗杀死。从威尔逊与布朗相遇到布朗死亡不超过3分钟。

对此，弗格森市警察局局长杰克逊的解释是，威尔逊警员当时正在执行关于一家便利店的"严重武装抢劫"的任务，他遇到布朗时，后者正走在交通阻断的大街中央，而且手持雪茄，因此认为布朗"可能是劫匪"。圣路易斯县警察局局长贝尔马尔认为"这起枪击案的起因是布朗与警员肢体冲突"，但涉事警车没有使用仪表板摄影机，因此，案发时没能留下视频。

之后两天，弗格森当地民众开始有秩序地展开纪念活动。但10日当天的烛光晚会后，有一小股乘火打劫的人开始洗劫附近企业、损毁车辆等，并与试图封锁城区数条街道的警察发生了对抗。当地警察局虽然派出了150名防暴警察，调用了防暴装备和直升机等装备，依然有至少12家企业被抢劫或遭破坏，数家邻近企业周一歇业，一处加油站被烧毁，30多名涉案人员被捕并面临袭击、抢劫和盗窃等多项指控罪名。在驱散人群的过程中，警方向抗议者发射催泪瓦斯和豆袋弹，枪声响彻整个小镇，更有示威者向警方投掷石块，其中甚至包括一位州参议员。

12日，警民矛盾升级，数百名抗议者聚集在县城克莱顿，要求追究参与枪击案的警员相关刑事责任。弗格森镇的抗议者举着标语，双手高举高喊着："不许开枪！"翌日，70名特警队员抵达抗议地点，要求示威者散去。当晚，警方采用烟雾弹、闪光弹、橡皮子弹和催泪瓦斯驱散人群。现场视频画面显示，弗格森警方向整个居民区发射催泪弹，还禁止记者摄影。在驱散人群的过程中，来自《华盛顿邮报》《半岛电视台》等多家媒体的记者由于报道弗格森镇抗议活动而遭到逮捕。对此，相关机构批评指出警察的行为"是完全物理的，这种新闻自由的攻击将被报道"。这是"对新闻自由的攻击，也是对我们报道这一重大事件能力的寒蝉效应"。事后，虽然弗格森警察局局长否认压制任何媒体，但是美国总统奥巴马仍旧认为这侵犯了《美国宪法第一修正案》，称"警察过度使用武力对付和平抗议是没有借口可言的，将抗议者送进监狱是依法行使修正案的权利，但在美利坚合众国，本分工作的记者，是向美国人民报道他们所看到的事，警方不应该侮辱或逮捕他们。"

14日，弗格森所属的密苏里州联邦参议员表示："警方军事化回应抗议者持续升温。"该州州长在记者招待会上表示，"弗格森人希望他们的街道远离恐吓和恐惧，但过去几天里，它变得有点像战场，这不能被接受。"密苏里州国家高速路巡警，将接管该县警察，采取"行动换位"。此举进一步引发了当地的大规模和平游行活动。次日，当地警察局长在新闻发布会上公布涉事警员名单，同时指出被枪杀的黑人青年布朗正是几分钟前便利店抢劫案的犯罪嫌疑人；但时隔几小时后，却又给出了自相矛盾的说法，指出白人警察威尔逊拦下布朗时，并不知道几分钟前发生的抢劫案。当晚，抗议活动以"几乎是庆祝的方式"继续，直至晚上11点警方抵达，更有暴徒闯入并洗劫"弗格森酒市场"及其他商家。

16日，连续多日的抗议活动进一步升温，甚至出现暴动。警方派出大量警员、装甲车，并发射了催泪瓦斯和橡皮子弹试图平息骚乱，FBI也介入调查。为了维持当地治安，密苏里州进入紧急状态，弗格森实施全面宵禁。然而，宵禁也无法控制局势，以致出动了密苏里国民警卫队来协助当地警察维持治安。与此同时，美国总统奥巴马向布朗的家人发出慰问，并要求美国司法部进行调查。第二天清晨，随着有警员枪杀示威者致其重伤的消息传出，宵禁时间再次延长。

18 日，州长发出行政命令，要求国民警卫队"协助恢复和平秩序，保护弗格森公民"。奥巴马派遣特使前往弗格森监察骚乱。同时，国际特赦组织派出 13 名人权活动家，寻求与官员会面，教导当地活动者非暴力抗争的方法。当晚，示威游行的队伍越聚越多，最终聚集数百万示威者，有人向警方人墙投掷酒瓶，警方也与民众发生推搡，有神职人员及社区领袖顶住武器，才避免了对抗的进一步升级，最终有 78 人被逮捕。当日的游行示威活动也达到了连日来的高潮。

在联邦政府和地方政府的合作下，全境范围的示威活动开始逐渐回落，社会局势逐步改善。20 日，美国第一任黑人司法部部长霍尔德前往弗格森，慰问当地居民及布朗的家人；21 日，国民警卫队从弗格森撤回，被捕人数下降；23 日，抗议活动和平持续，三人被捕。除了现实的示威活动外，网络上的众筹活动也吸引了美国全境的关注，截至 25 日共募捐近 40 万美元，同时众多种族主义者的评论甚至迫使该网站关闭了相关评论。25 日，由于布朗葬礼的举行，相关支持者的抗议活动停止，也宣告着此次枪击案引发的游行示威活动暂时画上了一个句号。

全美各地在 10 月爆发了反对种族歧视的"弗格森 10 月"抗议活动，呼吁指控威尔逊谋杀。但经过 3 个月的审判，11 月 24 日，密苏里州由 9 名白人、3 名黑人组成的大陪审团对涉事警察威尔逊作出了不予起诉的决定，意味着他不需面对任何刑事指控。这一决定激起了当地民众的不满，并再次引发了骚乱，数百名愤怒的抗议民众聚集在弗格森市警察局门前，高呼"还我公正"、"阻止种族主义凶手"等口号聚集游行，点燃了多辆警车和多家沿街商铺。最终，警察不得不使用催泪弹驱散人群，并拘捕了 20 余名暴力抗议人士。警方负责人称，相对 8 月弗格森骚乱期间冲突最严重的一晚，当晚的情况更加严重。在经历过一整天骚乱后，密苏里州当局向弗格森增派了 2200 名国民警卫军人员镇压暴乱。

直至 25 日晚情况才基本平静,不过镇内一段主要马路仍被示威者封堵,也有示威者在联邦法院大楼外集会,直至 26 日凌晨仍未散去。各地的示威者也不接受审判结果,同一日,新一轮抗议热潮从弗格森镇蔓延至华盛顿、费城、纽约、波士顿、克利夫兰、匹兹堡、芝加哥、洛杉矶和西雅图等数十座城市。人们,尤其是美国黑人,走上街头质疑黑人在美国的地位以及与执法者之间的关系。

11 月 27 日,正值美国一年一度的感恩节,示威活动也在当天进入高潮。示威者发起"团结起来,感恩节不要在商店购物"的活动,喊出了"无正义、无盈利"的口号,呼吁人们在第二天的"黑色星期五"停止消费,以此表达对弗格森枪击案的抗议。有抗议者表示,"在美国社会和公共权力中,金钱最有发言权,其他一切事情都得让路。如果你想表明自己真的感受到了不公,那就在'黑色星期五'待在家里吧。我们袭击他们的钱袋子,让他们知道我们是认真的。"除了购物人群减少外,"黑色星期五"当天,多个城市的商场中出现了示威者。他们聚集在商店门口喊口号,以模拟死亡的方式——在商场的地上"躺尸",表达对审判的不满。随着各地的示威活动愈演愈烈,威尔逊所在的当地警察局遭到了威胁。11 月 30 日,白人警察戴伦·威尔逊宣布辞职,并发表声明称:"辞职是我自愿的,我不想让同事和本地居民陷入危险的境地。这是我下过的最艰难的决定,希望辞职能使我们的生活恢复正常。"

时隔 3 个多月后,2015 年 3 月 11 日,弗格森警察局局长迫于压力,最终正式宣布辞职。次日,当地民众再次聚集在警察局门前,通过和平抗议表达心中对于该案判决结果的不满。

三、案例分析

弗格森枪击案判决结果公布后,美国多地的民众纷纷走上街头,用游行抗议的方式表达自己对判决的失望和反感。布朗的死让他们想起之前曾因为不被警察信任而被打死的那些黑人青年们，但对更多的美国人来说，他们更担忧的是，弗格森枪击案会让美国街头由于种族问题引发的暴力行为越来越多。《纽约时报》当时的报道标题是："从中西部到两岸，人们的愤怒已经沸腾"，这也被认为是近年来全美最大规模的广泛和自发的抗议怒潮。在过去近一年的时间内，美国各地都纷纷开始重新思索此次案件背后的意义，希望从更广阔的角度看待整个事件。在美国，某些地区警察的暴力执法和过度使用武力是出了名的，警方和有色人种的关系一直十分紧张。美国法律对警察执法的保护远大于限制，许多黑人被警察误杀和错杀，类似案件层出不穷，一直饱受诟病。

弗格森一案发生后，美国再次陆续发生了数起白人警察枪杀黑人的案件。10月8日晚在距离弗格森不远的一处街区，18岁的黑人青年迈尔斯被一名白人警察枪杀，当时黑人青年手中是否有枪始终没有定论。11月22日，俄亥俄州克利夫兰市12岁黑人男孩赖斯"携枪"出现在游乐场，遭警察连开两枪后身亡。事后，人们发现赖斯手里只有一把玩具枪。毫不意外，人们将他们的死与弗格森枪击案的受害者布朗联系到了一起。当地抗议者高举写有"从布朗到赖斯，（对黑人的杀戮）必须停止"的牌子，谴责"该死的美国司法系统都是有罪的"。正如德国媒体所指出的，"美国警察的暴力问题并不仅仅发生在弗格森镇。这个始终存在的问题不可能被永远掩盖下去。"

在上述案件中，为什么被打死的总是黑人？为什么黑人群体一再抗议和发声，而此类案件依旧发生？为什么黑人在美国可以当选总统，但针对黑人各种形式的歧视和暴力并未停止？高喊"我们都是布朗！"的全美性抗议浪潮反映了不少美国人对此已经忍无可忍。对总自认为是"自由、民主、人权"典范、不断以教师姿态教训其他国家的美国而言，这既是一个极大的讽刺，也值得人们客观分析、深入思考。

在弗格森枪击案中，尽管大陪审团进行了长时间调查、听证和辩论，但人们的疑点并未全部排除。白人警察威尔逊是不是存在极为震怒的情况下过度使用武力的可能？大陪审团 12 人中只有三位是黑人，作出的结论能否让人信服？美国多地发生抗议活动后，总统奥巴马发表讲话，希望民众接受大陪审团的决定，保持冷静与克制。但奥巴马同时也承认，在种族关系上，还有很多工作要做，特别是在处理有色人种和执法部门的关系上。奥巴马提出的改进方案之一是增加少数族裔警察的数量，但这能从根本上解决因弗格森枪击案而再次被揭示的种族分裂和种族歧视等深层次社会问题吗？如果人们因为种族不同而随时有可能丧失生命，那么"民主和人权"又从何谈起、如何保证？

全球调研公司 ORC 的民调显示，不同种族对弗格森枪击案的观点存在分歧。有 62% 的白人认为开枪合理，65% 的黑人认为不合理。4/5 的黑人、拉美裔和亚裔认为威尔逊应被指控谋杀，只有 23% 的白人持相同观点。对许多非洲裔美国人而言，弗格森枪击案仅仅是最新的提醒，让他们再次明白，刑事司法系统没有将黑人与白人一视同仁，特别是年轻男子经常遭到杀害。一位美国牧师甚至失望地说，"以往的民权运动对我们的刑事司法系统没有任何影响。"尽管 2008 年奥巴马当选时，很多人认为美国的种族问题已经有所缓解，但事实上，种族主义仍然潜藏在美国人的生活与政治中。《华尔街日报》的报道显示，美国监狱中黑人罪犯的比例高达 40%，而他们只占人口总数的 13%。弗格森镇的 2.1 万人口中，2/3 是黑人，领导力却在白人手中，53 名警察中只有 3 人是黑人。涉事警察威尔逊在接受媒体采访时，几乎将布朗描述成了超人类，"我觉得他有巨大的力量。就像是 5 岁的'绿巨人'。他看上去就像个恶魔。"他的表述也代表了很多白人警察眼中的黑人形象，就像一位历史学教授指出的那样，"这是黑人面临的普遍问题。黑人常被描述为体型巨大、有恐吓性的危险存在。"黑人也认为他们在受到警察的歧视和不信任上比白人高出 6 倍以上。特别是那些在贫困地区没有工作、没有收入、需要依靠政府救济的黑人，在他们看来，就因为他们看起来贫困潦倒、住在不安全的区域，使得他们连在街上走的权利都没有了吗？

在奥巴马成为美国历史上首位黑人总统后，有人认为，美国将经历自 19 世纪中期内战以来，黑人和白人种族关系最为良好和稳定的时期，但此次事件成为再次掀起美国种族问题的导火索，再次让人们灰心丧气。社交网站 Twitter（推特网）上有一位网友贴出了两张对比照片：一张是弗格森枪击案后，白人警察在暴乱现场维持秩序，另一张是 20 世纪 60 年代，同样是白人警察维持秩序，一旁是眼神惊恐的黑人。虽然时隔半个多世纪，但两张照片惊人地相似，引人深思。对于美国政府来说，对类似问题的处理，从来都是一个异常复杂的难题。执法部门永远找不到一个相对完美的平衡，永远两头不捞好。有人说，美国社会政策对于黑人族裔过于宽松，反而导致了一系列社会问题，但执法过严，又会被轻易归类到种族问题上。所以，对于弗格森枪击案，人们在谴责个别人的行为时，更要致力于解决美国"制度性的种族歧视"，正是结构性的种族歧视才造成了警方和社区间大量的种族不平等。

虽然不同族裔之间民意调查的结果存在较大差异，但是黑人社区和白人社区却在这一点上达成了共识：新闻媒体令弗格森枪击案愈发向着恶化的方向发展。小镇弗格森掀起的轩然大波成为当时世界媒体的头条，各国媒体对于此次事件的报道多从种族主义和人权问题的角度评论，许多评论人士借机质疑，美国是否真如自己所宣扬那般是人权大国。在中东，伊朗国家电视台直言，大陪审团的决定表明美国存在种族歧视。埃及《华夫托》报的标题代表了该国大多数媒体的中庸立场——"反种族主义在美国蔓延"。而社交媒体上，一些阿拉伯语的"网络红人"用段子嘲讽美国政府，甚至有些幸灾乐祸的意味。

在俄罗斯，此案相关话题成为民间热议的焦点，已跻身推特网热门话题前 10 名。俄《消息报》甚至写道："美国总统奥巴马也遇到了自己的'迈丹'组织。"将其与乌克兰反对派组织"迈丹"领导的抗议活动相提并论。同时俄罗斯外交部更是发表官方评论，指出全国性的抗议活动证明了美国此前在人权问题上的虚伪，美国没有资格评论莫斯科的人权问题，而是应管好自己。"如此大规模的抗议活动，证实了这并不是孤立事件，而是美国式民主的系统中存在种族分裂、歧视和不平等的缺陷。"朝鲜朝中社援引了外务省发言人的讲话，称弗格森枪击案表明美国身为"人权荒漠"，却企图用不正确的标准衡量他国。"无视人权的行为在美国未被彻底根除，反而接踵而至，如今到了系统性的、广泛的、无以复加的地步，不时引爆这样的全国性抗议行动。这表明，美国的人权制度本身有严重的问题。"

德国《世界报》用头版报道了弗格森事件，"事件是在预料之中的。带有偏见的警察队伍与黑人社区间的矛盾，并未因经济复苏而有所好转……自欺欺人的美国人，一次又一次地上演同样的种族问题。"法国《解放报》的社论则称，"弗格森案表明奥巴马距离消除美国种族问题的梦想仍有一大段路要走。"法国非洲裔司法部部长在推特网上支持示威活动。"种族隔离、社会排斥、边缘文化、枪支、恐惧……布朗多少岁？18。赖斯呢？12。下一个会是多大？12个月吗？他们准备在他们长大前就杀掉他们。"她写道。无论从何种角度报道，弗格森案对美国以及世界报道美国的影响都毋庸置疑。美国《时代》周刊称，时值杂志一年一度热门人物网络评选，抗议弗格森枪击案陪审团的示威者获得了最高票数，超过了印度总理莫迪、俄罗斯总统普京、诺贝尔和平奖最年轻得主马拉拉等国际知名人物。

四、启示借鉴

弗格森枪击案一方面显示了美国的种族主义阴影并没有彻底消散；另一方面也反映了在长期的实践和试错过程中形成的独立和公正的司法体系通常能保证正义最大限度的实现，但无法确保彻底实现。在美国的法律体系中，大陪审团是由公民组成的，主要负责决定检察官是否应该起诉案件。如果大陪审团决定不予起诉，案件就不会到普通陪审团那里。陪审团制度所依赖的是高度的社会信任，基于人类的有限理性，通过程序得出一个相对合理的结果，并拥有迫使公众接受的权威。但如果是在一个存在严重撕裂、互不信任的社会中，仅仅严密的制度设计是不够的。司法程序体系的完善，权利保障水平的进步，当然是值得追求的，但其作用仍是有局限性的，复杂的社会问题的解决仍然需要一些高于法律的因素，如心理的宽容与和解。这次审理弗格森案件的大陪审团中有九位白人，三位黑人。他们需要决定下列数项罪名是否能成立：

（1）一级谋杀罪：威尔逊警官是否出于某种个人动机（比如种族歧视）而预谋杀人？

（2）二级谋杀罪：威尔逊警官是否在见到布朗之后心生杀机而故意开枪伤人？

（3）故意杀人罪：威尔逊警官是否在双方争执中有意过分使用暴力？

（4）过失杀人罪：威尔逊警官是否在争执中非故意但却使用了过分暴力？

（5）防卫过当：威尔逊警官在当时是否担心自己的生命安全而对手中没有武器的布朗防卫过当？

（6）执行公务中使用过分暴力：威尔逊警官当时是否在执行公务，并在过程中使用了不当的暴力？

圣路易斯县的大陪审团在三个月时间里用了25天来取证，听取了六十多位证人，包括目击者的证言，检查了大量证据。经过两天时间的讨论之后，大陪审团同意，事件发生的时候威尔逊正在执行公务。证据表明，布朗曾半身进入警车与威尔逊抢夺武器；布朗中的六枪都是从正面打的，否定了警察从背后开枪的说法。按照密苏里州的法律，警察在执法时如果感到自己的生命受到威胁，就可以使用致命的暴力。从威尔逊看到布朗，直到布朗被打死，这中间一共只有一分多钟。在审视过所有证据、听取过所有证人的证词之后，大陪审团认定，威尔逊警官当时的确感到生命受到威胁。因此，大陪审团决定不予起诉。

但同时，美国司法部的反应却耐人深思。决定宣布的当晚，美国司法部部长即发表声明说，尽管当地大陪审团已就弗格森枪击案作出决定，司法部将继续对备受关注和争议的弗格森枪击案和弗格森警方进行调查。同时表态，尽管司法部与当地检察官在调查弗格森枪击案期间共享过相关信息，但从一开始联邦政府的调查就一直保持独立。即便进入了案件调查的成熟阶段，"我们一直避免对任何证据作出预先判断"，也"拒绝过早下结论"。布朗的死亡是一场"悲剧"，已在全国范围内激起对有必要维系执法部门和社区之间相互信任的讨论。司法部将继续与全国执法部门、民权组织、社区领袖一起努力，有效巩固执法部门与社区之间的关系，并提升整个刑事司法体系的公正性。此外，司法部将继续对弗格森警方涉嫌违宪的警务模式或警务行为的指控进行调查。美国总统奥巴马当晚也在白宫发表声明，呼吁民众、警察和抗议者在地方大陪审团对弗格森案作出决定后保持冷静和克制。在许多人看来，威尔逊警官打死黑人青年布朗的事件，在黑人社区引起了公愤，这种愤怒情绪也得到了其他社区许多人的认可与赞同。包括总统与司法部部长在内，都曾经对布朗表示过同情。白宫派了三名官员去参加布朗的葬礼。（警察工会的人指出，过去一年，有七十多名警察在执法时被打死。最近这些年白宫从来没有派人参加过殉职警察的葬礼。）不过，根据美国司法独立的原则，公众情绪与行政部门和其他大人物的意见，不能够阻碍正常司法程序的进行。检察官与大陪审团在任何情况下都不得出于公众压力而违背司法精神。否则，如果让司法街头化，国家就有可能陷入真正的无法制的混乱。

弗格森枪击案发生后，美国联邦政府、州政府和地方政府三方决策主体的处置决策和反应时效各有侧重，但比较而言，地方政府从开始就以维持地方治安为主，反而对于导火索事件置之不理；随着事件不断升级发酵，开始选择性部分披露信息，并以有利于警员的信息为主，在这个过程中民众对其的信任度迅速下滑，极大地降低了政府在民众心目中的公信力，双方无法促成谅解并最终达成共识；反观州政府和联邦政府，奥巴马第一时间发表公开信，避开种族歧视这一问题根源，从家庭、人性、伦理、道德和社群的角度呼吁民众达成共识。同时，委派美国历史上第一位黑人司法部部长到当地与民众沟通交流（见表1）。

表1　不同官方决策主体反应时效及措施

日期	决策主体	反应措施
8月10日	地方政府	圣路易斯县警察局局长宣布负责事件调查。弗格森警察局考虑到安全因素，拒绝透露威尔逊的身份，并称其被列入行政许可，同时拒绝承诺发布完整尸检报告的限期。
8月11日	联邦政府	联邦调查局开启事件的民权调查，司法部部长责成司法部工作人员监督进展。
	地方政府	考虑到步行上学的学生安全，附近的詹宁斯学区第一天放假。
8月12日	联邦政府	总统奥巴马向布朗的家人和所在社区表示慰问，称司法部正与当地官员调查情况。马萨诸塞州参议员沃伦和密歇根州代表阿马许发表微博，称警方行动让弗格森成了"战场"。
	地方政府	因要处理警方与示威者的利益，圣路易斯县警察局局长决定不再向弗格森镇加派人手。
8月14日	联邦政府	肯塔基州参议员保罗在《时代》杂志专栏上表示，警察部队必须实现非军事化："18岁的布朗被枪杀是可怕的悲剧"，认为"就因为不够密切重视，有人认为种族无法扭转刑事司法在这个国家的运用"。
	州政府	州长表示，弗格森骚乱"极具挑战性"，承诺"转变行动"以缓和局势，运用密苏里州公路巡逻队引导安全。
	地方政府	弗洛里森特学区将星期四到下周一的课程推迟一天。
8月15日	州政府	该州弗格森镇参议员代表在示威过程中遭到催泪瓦斯对待。她在采访中表示："布朗是否犯下偷窃罪并不是问题，问题是威尔逊碰见布朗时究竟发生了什么，让布朗丧命。这时唯一必需的事实。"
	地方政府	弗格森警察局负责人宣布涉案警员为威尔逊，并称其从警五年从未有过违纪行为。警方连续发布了三条性质不同的声明：声明一：由于案发数分钟前，现场附近的一家便利店遭到"铁腕式"抢劫。威尔逊拦下布朗时不知道发生了抢劫。声明二：威尔逊碰见布朗走在大街上时，看到他手中的雪茄，认为他可能犯下抢劫。声明三：事发时，布朗放低了胳膊，警官害怕被年轻人袭击，就决定采用致命武力。

（续表）

日期	决策主体	反应措施
8月16日	联邦政府	美国国会议员弗格森镇代表表示，"对弗格森警方和县检察院公平调查布朗死亡失去信心。他认为警方发布有关抢劫的信息，影响到圣路易斯县陪审团候选人，损害到布朗的人格，并呼吁展开警方如何与非裔美国人社区互动的全国对话。FBI特工挨家挨户上门寻找可能有案件信息的证人。同时，司法民权司及美国联邦律师办公室均参与调查。
	州政府	骚乱发生后，州长宣布紧急状态，并实行宵禁。
	地方政府	由于局势持续动荡，詹宁斯和江景花园学区放假。
8月18日	联邦政府	美国总统奥巴马宣布司法部独立联邦民权调查布朗死因。总检察长授权联邦法医对布朗进行额外尸检。司法部发言人称"本案涉及特殊情况"。
	州政府	宵禁未能制止骚乱，州长解除宵禁，派遣密苏里州国民警卫队协助警方行动。
	地方政府	星期日晚九点，学区管理员宣布学校关闭至周末。
8月19日	州政府	州长强烈要求检控威尔逊警官的论调引发广泛批评。副州长谴责州长的评论，指出："看到一个人入驻州政府高层办公室真的让人痛心，密苏里州政府的首席执行官，拿出声明预先判断情况。"华盛顿大学法学院刑事司法研究所主任表示，私人起诉民选警官极不寻常。
8月22日	联邦政府	最高法院法官金斯伯格接受《国家法律杂志》采访时表示，弗格森事件和纽约警方盘查权真正透露出种族问题。
	州政府	州长撤出国民警卫队。
9月4日	联邦政府	司法部宣布将调查弗格森警方可能的不当或歧视行为："（我们）已确认司法部展开调查，确认弗格森警方是否有违反美国宪法和联邦法律的模式和做法。"民权司将进行"模拟与实践"调查，全面检讨警队政策。
11月24日	联邦政府	密苏里州大陪审团宣布裁定结果当晚，美国总统奥巴马在白宫发表讲话，呼吁民众在弗格森案宣判后保持冷静。而次日奥巴马对于再次爆发骚乱表示，任何破坏与骚乱犯罪行为都无可推卸，"没有借口"，任何涉案人员都应当被检控。

虽然涉事双方各执一词：布朗的家属向当地电视台发表声明，回应当地广泛的抢劫和暴力事件："（我们）只希望每个人都知道和了解洗劫

商家不是他所想的，这让我和家人们十分不安，我的家人们并没有要求这样做。但为了正义与和平，请让我的家人们平复伤心情绪，当我们抗议司法对待布朗不公时，请将这个信息传递给每个人——布朗的家人们不希望这样。"涉案警员威尔逊则在判决生效次日接受美国广播公司采访时说，称他开枪的决定是正确的，"问心无愧"，无关种族。他当时不可能有别的选择。他还否认一些目击者所称布朗被枪击前曾高举双手示意投降的说法。就民间对弗格森案的反应而言，美国民众在线上线下展开了多次活动。例如，8 月 13 日，白宫官方网站信访系统出现了一封请愿书，要求规定警员巡逻时必须佩戴随身摄像头。截至 9 月 1 日，请愿书累积签名 15 万，超过白宫官方回应需要 10 万签名的门槛。为布朗家人创建的筹款网页上线。8 月 14 日，全国各地 100 多座城市爆发守夜和游行活动，成千上万人出席活动。他们通过 Twitter 账号和话题组织活动。匿名协会的黑客行动主义者设立网站和推特网账号，开展代号为"弗格森行动"的网络攻击。该组织承诺，如果有示威者遭到骚扰或伤害，就会攻击这座城市的服务器和计算机，拉他们下线。市官员表示，电邮系统和电讯网络中断，市政厅内网崩溃。有匿名用户发表 Twitter，公布涉及枪击案的警员信息。8 月 17 日，一群藏族僧人参与弗格森镇的抗议。约 150 人前往圣路易斯市中心抗议，表示威尔逊是受害者，任何对他的处罚会造成警方人人自危。全国有色人种协进会主席要求为案件设立特别检察官，认为弗格森的黑人社区需要恢复信誉。8 月 28 日，前国务卿希拉里·克林顿称国家刑事司法系统的应对"不公平"……

弗格森案也再次引发了国际社会对美国种族和人权问题的热议。我国新华社于奥巴马下令国民警卫队进入弗格森数小时前表示："很明显，美国需要做的是集中精力解决自身问题，而不是总对别人指指点点。"埃及外交部呼吁抗议"保持自我克制，尊重机会和和平表达见解的权利"，希望美国当局按照"国际标准"处理抗议活动。发言人表示，埃及正密切跟进弗格森"上演中的抗议"。伊朗伊斯兰共和国通讯社表示，近年来暴力在美国已制度化，暴力就因 2009 年诺贝尔和平奖得主奥巴马总统入主白宫而加剧，现在针对弗格森黑人而爆发。俄罗斯外交部表示："对其他国家强加猜疑前，我们的伙伴美国需要更加注重恢复自己国家的秩序。"而美国"人权堡垒"的自身定位，"系统地"积极参与"民主"，"严重侵犯基本人权，助长野蛮行径"。土耳其外交部批评美国警方拘留报道事件的阿纳多卢通讯社记者，称其不可接受，是对新闻自由的攻击。朝鲜称美国为"人权墓地"。加拿大多伦多大学经济与法学院安全管理部专家断言弗格森的事不会发生在加拿大。他表示："在我看来，美国警察诉诸枪炮很迅速，甚至在训练时，（比加拿大）更为重视射击。这次事件根植于美国的种族主义，非裔美国人的处境并没有因马丁·路德·金而改善。墨西哥新闻表示，奥巴马的和解论调被许多活动家认为不足，几乎背叛奴隶制和种族隔离法律直至 1965 年仍然生效的结果；斯里兰卡每日新闻认为："斯里兰卡对美国发出旅游警告，认为密苏里州的种族骚乱很奇怪。"英国《地铁报》的阿比盖·钱德勒表示："比伦敦骚乱还要糟糕，人们用橡皮子弹、催泪瓦斯和高压水枪对付暴徒，弗格森为我们展现出一个活生生的例子，让我们异常感激这些战术没有在英国骚乱中采用。"联合国秘书长潘基文呼吁美国当局保护抗议者和平集会和言论自由权，呼吁"所有人克制，执法者恪守处理示威者的美国和国际标准"。国际特赦组织甚至首次向美国派遣了一队人权观察员、培训人员和研究人员前往弗格森镇。

作为入主白宫的第一位黑人总统，奥巴马上台具有历史性的象征意义，然而其实际意义却并未如想象般美好，种族分歧仍在继续。此次弗格森枪击案既是引爆美国社会长期积累的种族歧视和人权问题的导火索，也为世界各国提供了探究美国种族问题的切入点。

参考文献

1. 官建文、王培志：《美国群体事件中的传播治理——以"弗格森事件"为例》,《对外传播》2015 年第 1 期。

2. 新浪网:《美国弗格森警局外生骚乱 消息称 2 名警员被射中》, http：// news.sina.com.cn/w/2015-03-12/140231599215.shtml。

3. 新浪网:《弗格森事件揭露黑人安全处境不容乐观》, http：//mil.news.sina. com.cn/2014-08-20/0939796623.html。

4. 网易:《弗格森事件大事记》, http：//news.163.com/14/1130/09/AC9PR8N- 100014AED.html。

5. 新华网:《弗格森事件:"白杀黑"火烧百余城"美国梦"碎了一地》, http：//news.xinhuanet.com/world/2014-11-27/c_127256760.htm。

6. 腾讯网:《弗格森骚乱背后的美国现实》, http：//news.qq.com/a/20141127/ 053820.htm。

（李一静　编写）

内蒙古腾格里沙漠污染事件

一、案例背景

腾格里沙漠位于内蒙古、宁夏和甘肃交界处，是我国的第四大沙漠，也是全国沙区中治沙科研示范区，在防沙治沙方面取得了重大成果，腾格里在蒙古语当中是天的意思，形容沙漠像天一样的浩瀚、无际。在内蒙古阿拉善左旗与宁夏中卫市接壤处的腾格里沙漠腹地，分布着诸多第三纪残留湖，这里地下水资源丰富，地表有诸多国家级重点保护植物，是当地牧民的主要集居地。与黄河的直线距离也仅有 8 公里。腾格里曾被誉为"人类治沙史上的奇迹"，还被联合国授予"全球环保500 佳"的荣誉。在沙漠南缘中卫沙坡头一带，已建立了国家级自然保护区，并有世界上第一条沙漠铁路——包兰铁路。

2005 年，腾格里沙漠当时是以小灌木为主的荒漠草原。腾格里腹地原本为农牧民聚居地，这里地下水资源丰富，地表有诸多国家级重点保护植物。如果违规排放，很可能造成地下水污染。沙漠地下水一旦被污染后，修复几乎是不可能的。2007 年，自从工业开发之后，环境就每况愈下。2012 年，在 12 个盟市中，阿拉善盟生态环境质量为差。

2013 年 3 月，在央视曝光此地地下水污染前后，当地的污染物都被掩埋，还有企业在生产。当地解释，有些易燃易爆物资，不生产有隐患。2013 年 5 月底，内蒙古自治区环境保护厅发布《2013 年内蒙古自治区环境状况公报》。2014 年 9 月 6 日，媒体报道，腾格里沙漠腹地部分地区出现排污池，引起了社会的广泛关注。

二、案例始末

2014 年 9 月 6 日 2 时 30 分，《新京报》首先发布文章《腾格里沙漠之殇：化工排污使腹地"绿色"变黑》，报道称，内蒙古自治区腾格里沙漠腹地部分地区出现排污池，当地牧民反映，当地企业将未经处理的废水排入排污池，让其自然蒸发。然后将黏稠的沉淀物，用铲车铲出，直接埋在沙漠里面。记者调查认为，由于腾格里沙漠聚集着众多的化工企业，这些企业不断地向沙漠排污、处理污水，导致污水池里充满了乌黑的化学废水，每一块倾泻污水的场地都有足球场那么大。阿拉善左旗格里斯镇的沙漠，有一块沙漠深处的污水池，数个足球场大小的长方形排污池并排居于沙漠当中，周边用水泥砌成，周围有一人高绿色的铁丝网，充满着刺鼻的气味。腾格里沙漠主要分两个区域，一个区域是排污池，里面分布着四个巨大的排污池，其中有两个是蓄满水的，水是纯黑色的。另一个区域包含两个池子的淤泥，淤泥里面掺有石灰、沙子之类的东西。随后腾讯网、凤凰网、新浪网等多家网络媒体编辑转发。

6 日，《阿拉善日报》对《新京报》报道予以反驳，称阿拉善新闻网发布记者就新京报网报道进行深入采访，了解到：该园区没有污水外排，不存在"将污水排入沙漠"的情况。并称《腾格里沙漠之殇》一文反映的腾格里沙漠中修建晾晒池问题自 2012 年 11 月即已开始全面整改，2013 年 3 月 22 日中央电视台新闻频道对有关问题曝光后，自治区党委、政府高度重视，自治区环保厅、阿拉善盟委行署、阿左旗旗委政府就有关整改工作进行了全面部署，腾格里园区管委会、阿盟环保局、阿左旗环保局及有关企业已开展了全面整改落实工作。

6日15时许，阿拉善腾格里经济技术开发区管委会陈主任向《新京报》记者表示，目前阿拉善盟、阿拉善左旗、开发区管委会已成立联合调查组，对污染事件进行调查和整改，具体调查正在进行中。当日下午3时许，内蒙古阿拉善腾格里经济技术开发区管委会陈主任表示，目前内蒙古自治区阿拉善盟、阿拉善左旗、开发区管委会已成立联合调查组，对污染事件进行调查和整改，具体的调查正在进行中。陈主任称，2012年，央视对该工业园区违规生产进行过曝光，15家企业都已停产，另外有6家企业按照相关规定，有污染预处理设备，仍在生产。至于为什么会出现报道中提到的腾格里沙漠出现刺鼻气味等现象，陈主任称，这可能是监管上不太到位，企业出现了偷排漏排的现象。

9月8日，阿拉善盟腾格里经济技术开发区环保安监局局长，在接受媒体采访时表示："我敢拿人格担保，污水没有埋到沙里面。我们怎么可能把污水埋到沙子里呢，这不可能是事实。"该官员"人格担保"的回应一出，立即引发舆论哗然。《北京晨报》对此批评，对这等"疑似"违法排污事件来说，应该"以事实为依据，以法律为准绳"去处理，而不是"以担保为依据，以人格为准绳"去对待。可是，我们的一些官员却偏偏要故作豪言壮语去担保，仿佛他们真的能够"担"起什么，"保"住什么，其实都不靠谱。《中国之声》认为，人格担保，其情可切，但如果经过实地调查后再出结论，岂不是能更令人信服？少一点拍胸脯，多一点实际行动，沙漠就不会遭受如此创伤。《新京报》指出，要治污染，先治渎职。解决地方污染问题，先要打痛那些被畸形政绩观冲昏头脑的地方官员，这样法律才能刚性运行，污染大户才不会有恃无恐。

9月12日下午，内蒙古阿拉善盟举行新闻发布会，通报腾格里工业园区环境治理情况。内蒙古阿拉善盟副盟长赵占军首先表示，就媒体曝光的问题，当地环保部门当天就成立调查组对污染事件进行调查和整改，主要调查看是否有新的企业违规排放等情况。经核实，目前还没有发现"将污水排入沙漠"的情况。他还介绍了自 2013 年 3 月 22 日央视对腾格里工业园区环境问题报道后当地开展的相关治理整治措施。随后也有媒体就相关质疑进行提问。对于报道披露的腾格里地区水位下降四十米，阿左旗副旗长石玉东解释：去年以来，政府委托有资质的相关部门对腾格里工业园区周边的水位情况进行了监测，我们监测的结果，实际园区周边的水位的变化在 0.1 米到 0.2 米之间。而对于报道中所说的蒸发掉水份的工业固态残留物质，被埋到沙漠中，阿拉善盟环保局王翠花副局长说，经过调查，没有发现将沉淀物填埋在沙漠里的情况。报道中的晾晒池中铲车作业的情形，是园区正在对池底泥处置的现场情况，晾晒池里的黑色黏稠物质是废水腾空后的底泥，目前正在进行干燥固化。待干燥固化后，将对其进行无害化处理。

9 月 26 日，因腾格里工业园区环境污染问题，内蒙古阿拉善左旗旗长被行政警告，分管环保副旗长被行政记过，阿拉善盟环保局局长被停职检查，分管副局长被行政警告，环境监察支队长被停职检查。经调查，阿拉善左旗政府、腾格里工业园区管委会，在污水处理厂技改及配套设施建设方面，存在慢作为的问题，在落实环境保护整改措施中，存在执行不到位的问题，对上述相关领导进行依法追责。同时，时任腾格里工业园区党工委书记、主持工作的副主任被停职检查，时任管委会主任被免职。此外，责令腾格里经济技术开发区管委会党工委书记、管委会主任作出书面检查，对管委会分管副主任给予行政警告处分。对于阿拉善左旗管理的干部，按照干部管理权限，责令阿拉善左旗调查处理。

内蒙古阿拉善盟腾格里工业园区的环境污染问题，引起党中央的高度重视，习近平总书记等中央领导同志作出重要批示。2014 年 9 月 30 日，内蒙古自治区党委书记王君、自治区政府主席巴特尔先后主持召开自治区党委常委（扩大）会议和全区进一步做好环境保护工作紧急电视电话会议，全面传达重要批示精神，研究贯彻落实意见，安排部署全区生态环境保护工作。2014 年 10 月 1 日，内蒙古环保厅紧急召开党组会议，研究讨论如何进一步贯彻落实中央、自治区领导批示和自治区党委常委会议和电视电话会议精神，研究部署下一步重点工作。会议研究讨论了如何开展腾格里工业园区污染治理的后续工作。会议决定：邀请国家有关专家进行综合论证，协助阿拉善盟尽快确定晾晒池废水、底泥处理方案，抓紧时间开展无害化处置工作，力争在入冬前将污水处理完毕，防止污染二次扩散；进一步加强对腾格里工业园区的环境监测，特别是对水、土壤及周边环境加大监测力度和频次，确保实时掌握环境质量状况；以环保厅名义给阿拉善盟行署发函，督促阿拉善盟行署尽快落实晾晒池污染物治理资金问题，加快论证晾晒池污染物处置方案，并将工业园区综合整治工作部署等情况和责任分工及时通报自治区环保厅。

2015 年 8 月，中国生物多样性保护与绿色发展基金会（以下简称绿发会）对 8 家企业污染腾格里沙漠向宁夏中卫市中级法院提起诉讼。绿发会提出了包括要求法院判定被告消除环境污染危险，恢复生态环境或成立沙漠环境修复专项基金并委托第三方进行修复等 8 项诉讼请求。而宁夏中卫市中级法院方面表示，经过审查认为绿发会不符合提起诉讼的原告资格，驳回诉讼，不予受理。之后，绿发会表示，将向自治区高院提起上诉，并且不排除对甘肃武威和内蒙古阿拉善的污染企业提起公益诉讼。

三、各方评析

1. 媒体

凤凰财经称，新中国成立以来几代人辛辛苦苦工作几十年才创造出来的"人类治沙史上的奇迹"，输给了地方政府部门 GDP 政绩工程，输给了黑心企业，以及腾格里沙漠上这种不顾环保、只顾钱包的发展模式。某种意义上说，在腾格里沙漠里排污，属于"享祖宗福、造子孙孽"

的愚蠢做法。

《新京报》评论员何勇称，表面上看，是因为腾格里沙漠属无人区，污染行为不太容易被人发现。但深层次原因上说，归根结底还是企业在腾格里沙漠的污染治理成本太低。

人民日报海外版官网海外网评论则表示，腾格里沙漠遭污染的大背景是我国工业的西迁。高耗能、高污染的工业企业纷纷西迁，而西部急需这些企业带动经济发展。在这种情况下，作为利益关联方的政府相关部门为取得政绩，很容易对一些企业的排污行为视而不见，导致相关监管缺位。

对于中央做了重要批示后"国庆假期，内蒙古环保部门却比工作日还忙"的现象，10 月 4 日，人民日报客户端发表评论称，领导一批示，下面就重视。这样的例子时常见诸报端。"为什么长期没有得到及时治理和惩处，中央领导一批示，就立刻雷厉风行起来？"作者呼吁其他地方政府和部门跳出"领导批示才重视"的怪圈，从此事中吸取教训，不要总是麻烦习大大。"习大大这么忙，你们总为自己分内的事麻烦他，好意思吗？"不少网友也表达了相同意思，有网友说：总是靠"引起重视领导批示"不是个事儿啊。我们既然是个依法治国的国家，还是要有法可依、有法必依、执法必严、违法必究，只要违了法就要被禁止且能被禁止，不能总是违法一直违到领导重视起来了才被禁止。

《南方都市报》的《沙漠排污，监管者失职难辞其咎》一文指出，环境污染事件中的监管者失职渎职远不是孤例。2014 年新华社的一篇报道称，随着环境问题日益受到关注和环保部门地位的迅速提升，环保系统已成为腐败案件易发多发的新领域。在京参加"两会"的部分代表委员表示，在一些地方，环保腐败已呈"完整利益链条"之势，更令人诧异的是，某些环保部门竟成为环境污染"合法化"的代言人，环境污染屡禁不绝与部分地区"以污养污"的环保工作思路密不可分。这是否说明，如何监管执法者将成为环保工作中的一个新的问题？沙漠排污事件缘起于民众举报，在国人的生态保护热情持续高涨的现实下，来自公众的监督正是克制执法者和违法者狼狈为奸的利器。首先依靠公众的监督，其次如果失职渎职者被立案调查成为常态，相信如何监管执法者的问题一定会自然消解。

《中国经济周刊》的《三问腾格里沙漠污染：地方监管因何长期失明?》一文提出了三大质问：一是地方监管因何长期"失明"? ——地方环保官员只是替罪羊? 二是企业排污为何有恃无恐? ——守法成本高，违法成本低? 三是腾格里沙漠的地下水安全吗? ——内流域地下水污染永远循环不掉?

2. 专家

著名植物学家和草原生态学家、内蒙古师范大学生态学教授刘书润指出，当大量的化工企业纷纷进驻腾格里沙漠，而这些企业又将未经处理的污水源源不断地排入沙漠，并且大量开采着地下水用于生产，一旦地下水被污染，千百年来牧民们生存的栖息地不仅将失去，更重要的是，我国的第四大沙漠——腾格里沙漠独特的生态环境可能也将面临严重威胁。沙漠地下水一旦被污染后，修复几乎是不可能的。

中国环境科学研究院研究员赵章元认为，蒸发排污对排污设施有很高的标准，因此，蒸发排污存在危险。蒸发方式，蒸发排污不光是蒸发到空中，它里面产生一些废弃，会飘到大气中，飘到各地去，到有人的地方就都会产生污染。另外对土、水，都会有污染、有害，这不光是蒸发到大气的问题。

北京市环境保护科学研究院副院长潘涛认为，企业偷排是由于环境守法意识不强，没有意识到对环境带来的危害。同时，"违法成本低，守法成本高"，建立污水处理设施、保证设施正常运行、达到排放标准，成本很高，每年要有相应投入。环境治理成本越来越高，如果不进行守法排污，治污成本就省下来，生产成本降低，竞争力就提高。没有环污治理成本在，企业在市场竞争中就有价格优势，这是造成很多企业偷排的原始冲动。

北京林业大学生态法研究中心副主任杨朝霞说："有人认为沙漠排

污是利用环境容量，这是认识盲点。沙漠排污有很强的隐蔽性，荒凉大漠人迹罕至，公众参与很少。环境监管严的地方排污企业没有生存空间，经济不发达地区急于发展，经济利益驱动，双方一拍即合。污染企业肆意排污，地方政府监管不力，容易产生腐败问题。近年来此类事件多发于交界地区。我国污染事件开始从核心城市向交界地带转移，交界地区监管脆弱，向沙漠污染宣战是一场持久战。"

中国人民大学法学院环境资源法研究所主任周珂接受专访时表示，沙漠排污是我国环境污染的新问题，一种普遍的观点认为，该问题的产生有其特殊背景，是国家在环境治理的进程中自然产生的一种现象，即所谓的"污染转移"。由于经济发达地区环境治理力度大、监管较严，部分污染企业，包括一些被东部地区淘汰的企业，为追逐经济利益，会转移到地广人稀、执法力量不足的经济欠发达地区。

兰州大学环境工程研究所张明泉教授直言，沙漠频遭污染的关键是地方有关部门"监管、执法不到位"。他表示，"现在环保监管机构不断壮大，法律法规也更加健全，但污染却在加剧，这里面存在地方保护的因素。"

四、启示借鉴

腾格里沙漠污染事件波及范围广，时间跨度长，在整个事件的发生发展过程中，存在一系列值得反思之处。

1. 要高度重视并及早处置

事实上，腾格里的污染问题早已显现，最早有关腾格里环境问题的报告，出现在 2005 年的《关于腾格里经济开发区环境污染问题的调研报告》中。在分析污染物时，认为"腾格里地区主要的环境问题是工业废水对该地区地表、地下水的污染问题，其次是挥发性气味对人体产生的影响"。可见，至少从 2005 年开始，腾格里的环境就已经遭受到了一定程度的破坏。而近几年，腾格里每年都曝光了类似的污染情况，足见其污染时间之长。而且，腾格里污染程度严重。调查人员抽取样本检测，发现距离腾格里工业园区 2 公里左右的当地牧民的饮用水中所含致癌物质苯酚超过国家标准 410 倍。与腾格里相邻的宁夏自治区中卫市，近年来也饱受腾格里污染的困扰。据中卫当地群众反映，腾格里工业园区工业废水通过地下渗透已经影响到当地的地下饮用水，并对黄河水的水质安全造成严重威胁。腾格里工业园区与黄河直线距离只有 14 公里，可见其隐患之大。当地政府和相关部门没有引起足够的重视，也没有及早加以处置，使得污染问题日益蔓延和严重。

2. 要勇于承担责任

早在 2012 年，央视就对腾格里经济技术开发区违规生产进行过曝光，一位长期关注腾格里环境污染问题的志愿者告诉记者，今年央视曝光之后，他来到腾格里沙漠，当地政府工作人员带他走了一圈，他去了工业园区的 6 家企业，当地的污染物都被掩埋，一看就是突击搞的，还有企业在生产。据了解，为了防范外人接近排污点，涉事化工园区还安排了巡逻队。明明有错，却不查纠，一方面装模作样地成立调查组，另一方面又对相关排污证据进行额外保护，防止相关媒体舆论对此调查。2014 年，腾格里沙漠污染问题再次被媒体曝光后，地方有关方面却对此讳莫如深，甚至于文过饰非掩盖了污染事实：先是《阿拉善日报》发文予以反驳，之后腾格里经济技术开发区管委会主任称，出现刺鼻气味等现象可能是监管上不太到位，企业出现了偷排漏排的现象。继而是环保安监局局长在接受《中国之声》的采访中表示：我敢拿人格担保，污水没有埋到沙里面。我们怎么可能把污水埋到沙子里呢?! 这不可能是事实。接着是阿拉善盟副盟长表示，经核实，目前还没有发现"将污水排入沙漠"的情况。这些说辞显然是对存在问题的推托和掩饰，也是对社会监督的漠视和敷衍，这种出于地方经济发展的考虑不惜牺牲环境生态的思想观念和行为方式被曝光后，因为怕承担责任而回避问题、推脱责任的做法，其结果只能是让事态恶化。只有以实事求是、以民为本的态度，科学、有效的行动，才是解决问题的根本。要平息舆论风波、控制事态发展，唯一的途径就是承认问题的存在，并且准确、详实地就公众和媒体最为关切的，诸如排放的源头、排放的原因、排放的影响和地下水安全等问题，以透明公开负责的态度进行回应并采取可行措施取信于民，才是正解。

3.要加强跨域危机的协同治理

腾格里沙漠污染事件，在地域上横跨内蒙古、宁夏和甘肃，在职能上牵涉工商、环保等部门，这样的危机属于跨域危机，跨域危机治理面临的一个最大问题就是"碎片化"。"碎片化"是指政府部门的理念、利益割裂，行为无法整合，争权夺利，各自为政，最终导致政府在重大活动中缺乏合作协同这一状况。针对跨域危机的"碎片化"困境，需要进行"整体性治理"，也就是通过整合整个社会的治理主体关系，建构横向综合组织结构，并充分运用现代信息技术，建立协调、统一、持续、有效的政府管理过程，更好地履行政府的社会管理和公共服务职能。建构整体性的跨域危机治理体系，首先要强化对跨域危机的认知和整体性治理的意识。要让各地方政府和各职能部门意识到跨域危机不能是单个部门、单个地域单打独斗，需要多部门、多地域共同协作联动，才能更加迅速、有效地控制事态、降低危害、减少不良影响、维护形象。其次要构建整体性治理的制度规范。整体性治理需要在制度规范维系下进行系统化、制度化的整合和运转。需要建立跨域应急协调联动制度，将应急处置程序、合作方式、信息沟通、资源调拨分配、损害补偿等方面内容以法律形式固定下来。还要建立跨域危机治理责任与问责制度。同时在确定责任的基础上，对责任追究进行规定，明确问责范围和程序，对存在不积极进行危机预防、行动迟缓、未按规定上报公布相关信息、推脱责任等行为的政府部门及其领导进行责任追究。

4.要加强监管并完善相关政策

腾格里沙漠遭污染的大背景是我国工业的西迁。高耗能、高污染的工业企业纷纷西迁，而西部急需这些企业带动经济发展。在这种情况下，作为利益关联方的政府相关部门为取得政绩，很容易对一些企业的排污行为视而不见，导致相关监管缺位。腾格里工业园，这个沙漠环境"杀手"，在当地政府眼里却是"创造沙漠工业奇迹的功臣"、"大漠中崛起的奇迹"。腾格里沙漠的自然资源吸引了不少投资企业，工业园区初步形成了硫化系列、萘系列和苯系列 3 个染料精细化工产业链，成为打造"双百亿工程"的重点开发区之一。早在 2010 年，就有媒体曝光了宁夏中卫市的造纸厂将大量造纸污水排向腾格里沙漠的污染事件。此后 4 年间，多家媒体都先后报道了该工业园区污染问题。《经济参考报》曾报道，中华环保联合会对内蒙古在内的 9 省份工业园区进行调查，发现一些地区的工业园一方面打着"生态循环经济"的旗号获得政府审批，另一方面却纵容很多高污染企业以及小作坊的生产，甚至一些国家明令关停的污染企业，也在这里集中排污，逃避监管，工业园区成了其违法经营的"保护伞"。对于腾格里沙漠污染，当地官方回应说并没有直排，而"通过自然晾晒和自然风干蒸发、固体物人工收集等措施，达到污水无害化处理"，这就是腾格里工业园的污水处理方法。然而据专家介绍，建设高浓度污染蒸发池只适用于生活污水，而化工园区的污水成分十分复杂，在排放前必须进行预先处理，不应使用蒸发池。纵容了沙漠排污，"污水晾晒法"竟然通过内蒙古环保厅环评。当地政府部门在审批、监管时，当然难辞其咎。目前，国家对西部开发的顶层设计是保护优先，对地方资源要求进行保护性的开发，而不允许掠夺性的开发。在生态脆弱的中西部草原、沙漠地区，本来就不应该允许上高耗能、高耗水的化工产业。要防治沙漠污染，向这些敢于污染生态"底线区"的企业亮剑，走出一条真正的可持续发展的道路来，还需要方方面面的努力，尤其是要加强监管力度以及明确对监管不力的严厉问责。对宁夏明盛染化有限公司污染环境案的判决是新环保法实施以来腾格里沙漠被污染事件发生后首例宣判的案件。新环保法的实施释放两个信号：一是使得违法排污有了足具威慑的违法成本，也赋予了环保执法多样化途径；

二是执法不严、监管不力将被追究责任。

5. 要完善环境公益诉讼的立法和执行

经济飞速发展的繁荣之下隐藏着的是巨大的环境隐患。随着环境问题的增多，受害人群覆盖面的扩大，越来越多的人开始意识到维护自身的环境权。而2012年修订的《民事诉讼法》第55条规定，"对环境污染、侵害众多消费者合法权益等损害社会公共利益行为，法律规定的机关与有关组织可以向人民法院起诉"，该规定突破了以往民事诉讼中原告必须是与案件有直接利害关系的传统理论基调，确定了我国民事公益诉讼原告的范围。2014年的新《环境保护法》和2015年最高人民法院发布的《关于审理环境民事公益诉讼案件适用法律若干问题的解释》（以下简称《解释》），对环境民事公益诉讼相关问题作了具体规定。无论是以美国为代表的英美法系，还是以德国为代表的大陆法系，在本质上，都承认了环保NGO作为环境公益诉讼的原告资格。而我国也是在借鉴两大法系的基础上，在新修订的《民事诉讼法》、《环境保护法》和《解释》中对法定组织的原告资格给予了确认，同时也结合了自身国情做出了不同于外国的一些规定。然而司法实践中却存在种种问题，环保NGO要想真正参与到环境公益诉讼中还存在着诸多复杂因素，最终能否立案完全取决于各种力量暗中的博弈，尤其是地方利益的博弈，而这种博弈的结果会使环保NGO是否能成为环境公益诉讼原告具有很强的不确定性和"运气性"，违背的法律，也会损害法院的权威性和公众对于环境保护的积极性。所以，需要从立法和执法层面对环境公益进一步予以强化。

参考文献

1.《腾格里沙漠污染事件屡遭曝光 工业园区成保护伞》，《新京报》2014年
   9月7日。

2.《官方回应腾格里沙漠遭工业污染：可能监管不到位》，《新京报》2014 年
　9 月 7 日。

3.《内蒙古调查腾格里沙漠排污池》，《光明日报》2014 年 9 月 8 日。

4. 中新网：《内蒙古阿拉善盟多名领导因腾格里沙漠环境问题被追责》，
　http：//www.chinanews.com/fz/2014/09-26/6635755.shtm。

5. 人民网：《习近平对腾格里沙漠污染问题作批示》，http：//politics.people.
　com.cn/n/2014/1004/c70731-25776350.html。

6. 南都社论：《沙漠排污，监管者失职难辞其咎》，《南方都市报》2015 年 4
　月 13 日。

7. 韩文：《三问腾格里沙漠污染：地方监管因何长期失明?》，《中国经济周
　刊》2015 年 4 月 27 日。

8.《专家谈腾格里沙漠污染：地方政府应负最大责任》，《新京报》2014 年 9
　月 12 日。

9. 戴妮：《论我国环境公益诉讼中环保 NGO 原告主体资格——以腾格里沙
　漠污染公益诉讼为例》，《法制博览》2015 年 12 月。

（黄颖　编写）

呼格吉勒图案

　　呼格吉勒图，1979 年 9 月 21 日生，内蒙古人，原内蒙古自治区呼和浩特市毛纺厂职工。1996 年 4 月因一起强奸杀人案被公安机关认定为凶手，61 天后被法院判决死刑并立即执行。2005 年，"4·9"女尸案嫌疑人赵志红落网。2014 年 11 月 20 日，内蒙古自治区高级人民法院宣布呼格吉勒图案进入再审程序。随后，法院宣布再审判决呼格吉勒图无罪，并依法作出国家赔偿决定。

　　从呼格吉勒图被判处死刑立即执行到再审被判决无罪，历时 18 年，备受社会各界关注，是我国改革开放以来发生的最具典型意义的错案之一，因此，其中折射出的刑事政策、司法公正等问题值得深入研究分析。

一、案例背景

（一）全国第二次"严打"

　　20 世纪 90 年代，改革开放后的中国又出现一个犯罪高峰。1996 年

2月2日凌晨，全国人大副委员长、民革中央主席李沛瑶在住所被担任驻地警卫任务的武警执勤哨兵张金龙杀害，这是新中国成立以来首次发生的国家领导人遇害事件，举国震惊。当时全国部分地区治安状况趋于恶化，重大抢劫案件增多，接连发生犯罪分子以金融单位、运钞车为抢劫目标，持枪实施抢劫巨额财物的案件。1996年3月两会期间，人大代表、政协委员对此发表了许多尖锐意见，纷纷要求整顿社会治安秩序。严打行动由此开启。1996年4月到1997年2月，公安部牵头，成立了"严打办公室"，部长陶驷驹亲任组长，督阵指挥全国公安机关"严打"。这是继1983年第一次"严打"后，在全国范围内规模最大的一次集中打击行动，打击重点为杀人、抢劫、强奸等严重暴力犯罪、流氓犯罪、涉枪犯罪、毒品犯罪、流氓恶势力犯罪以及黑社会性质的犯罪等严重刑事犯罪。

（二）实施"宽严相济"刑事政策

在历经二十多年的"严打"之后，我们党明确提出要实行"宽严相济"的刑事司法政策。2005年12月，在全国政法工作会议上，中央政法委员会书记罗干同志要求政法机关要更加注重运用多种手段化解矛盾纠纷，更加注重贯彻"宽严相济"的刑事政策，促进社会和谐稳定。明确指出"宽严相济"是"指对刑事犯罪区别对待，做到既要有力打击和震慑犯罪，维护法制的严肃性，又要尽可能减少社会对抗，化消极因素为积极因素，实现法律效果与社会效果的统一"。"……要充分重视依法从宽的一面，对轻微违法犯罪人员，对失足青少年，要继续坚持教育、感化、挽救方针，有条件的可适当多判一些缓刑，积极稳妥地推进社区矫正工作"。2006年10月11日，中共中央十六届六中全会在《关于构建社会主义和谐社会若干重大问题的决定》中进一步明确提出要"实施'宽严相济'的刑事司法政策"。

（三）十八届四中全会召开

党的十八届四中全会发布了依法治国的纲领性文件——《中共中央关于全面推进依法治国若干重大问题的决定》，其中提到："错案要倒查，坚持以事实为依据、以法律为准绳，推进以审判为中心的诉讼制度改革，实行办案质量终身负责制和错案责任倒查问责制；建立领导干部干预司法活动、插手具体案件处理的记录、通报和责任追究制度，建立健全司法人员履行法定职责保护机制；必须完善司法管理体制和司法权力运行机制，规范司法行为，加强对司法活动的监督，努力让人民群众在每一个司法案件中感受到公平正义。"

二、案例始末

（一）前期迅速办结

1996 年 4 月 9 日晚 19 时 45 分左右，被害人杨某某称要去厕所，从呼和浩特市锡林南路千里香饭店离开，当晚 21 时 15 分后被发现因被扼颈窒息死于内蒙古第一毛纺厂宿舍 57 栋平房西侧的公共女厕所内。呼格吉勒图于当晚与其同事闫峰吃完饭分手后到过该女厕所，此后返回工作单位叫上闫峰到案发女厕所内，看到杨某某担在隔墙上的状态后，呼格吉勒图与闫峰跑到附近的治安岗亭报案。48 小时后，负责该案的呼和浩特公安局新城区分局副局长冯志明和办案人员认定，呼格吉勒图在女厕对死者进行流氓猥亵时，用手掐住死者的脖子致其死亡。1996 年 4 月 20 日《呼和浩特晚报》发表了题为《"四九"女尸案侦破记》报道，称凶手为呼格吉勒图。

《"四九"女尸案侦破记》(《呼和浩特晚报》1996 年 4 月 20 日）

1996 年 4 月 9 日晚 8 时，呼和浩特市新城区公安分局刑警队接到电话报案称：在锡林南路与诺和木勒大街相交处的东北角，一所旧式的女厕内发现一具几乎全裸的女尸。报案的是呼市卷烟厂二车间的工人呼格吉勒图和闫峰。警方立即驱车前往现场。

马志明副局长和报案人简单地交谈了几句之后，他的心扉像打开了一扇窗户，心情豁然开朗了。

按常规，一个公厕内有具女尸，被进厕所的人发现，也许并不为奇。问题是谁发现的？谁先报的案？而眼前这两个男的怎么会知道女厕内有女尸？

冯副局长、刘旭队长等分局领导，会意地将目光一齐扫向还在自鸣得意的两个男报案人，心里说，你俩演的戏该收场了。

作为优秀的刑侦人员，现场的任何异物都是珍贵的资料。而临场领导的一举一动、一颦一笑、即便是眉头的一起一伏，都是无声的命令。那两个男报案人，看见忙碌的公安干警，又看见层层的围观者，他们想溜了。然而，他俩的身前身后已站了"保镖"。

"我们发现了女尸，报了案，难道我们有罪了？"报案人惶惶然了。

"只是让你们去写个经过。""我们还要上班！""没关系，我们会给你们请假的。"在分局里，两人分别被领进了两个办公室。

"你叫什么？""我叫闫峰。""你说说，你是怎么知道公共女厕内有女尸的？"

"我和呼格吉勒图都是卷烟厂二车间的工人。我俩今天都上中班，到后半夜两点下班。上班后，我一直在干活，大约八点多钟，呼格吉勒图找到我，悄悄地对我说，'嗨，女厕所有个女人死了，你不去看看？'我出于好奇，便跟着他去了厂外的公共女厕内，我看见黑乎乎的一个人横在两个蹲坑的矮隔墙上，我转身向外跑，说，'赶紧报案吧'，我们就报了案。"

"有谁能证明你一直在车间工作呢?""有!从上班到出来都有人知道。"另一个办公室里,"我叫呼格吉勒图,蒙古族,今年19岁。上班后,我去厂外买点东西,突然想小便,听见女厕所内有女人喊叫的声音,过了一会儿,我听到里面没动静,我便跑进女厕所,见那女的横仰在那里,我便跑了出来,但又一想,那女的是不是死了?我又返回去,见那女的真的死了。闫峰说,报案吧,我嗯了一声就跟他出来了。因为厕所太臭,我买了五块泡泡糖,见闫峰朝治安岗亭走去了,我怕他抢了先,我也就跑过去报案了。"

"你是怎么听见女厕所内有喊声的?""我小便时听到的。""听到声音你就跑进女厕所了?""是。"

"你没碰见什么人从女厕所跑出来?""没有。""你进了女厕所时,那里还有别人吗?"

"我只看见那女的横在那里……好像有人跑了……不是,反正我没看清。"

"你几点上的班?几点出的厂?几点发现的女尸?几点叫的闫峰?你为什么不先报案而叫闫峰呢?"

下面的问答简略了。因为呼格吉勒图不是拒绝回答,便是东拉西扯,而且往往是答非所问。就像在狂涛中颠簸的一叶小舟,连他自己也说不清天与水之间的差异。

在审讯呼格吉勒图的过程中,由于呼格吉勒图的狡猾抵赖,进展极不顺利。

市公安局局长王智在10日亲自来到分局,听取案件进展情况,当分析案情后,王智局长特别指示:一、对呼格吉勒图的痕印进行理化检验,从中找出证据。二、展开一个全面的、间接的包围圈,从间接证据,形成一个完整的锁链,让呼格吉勒图丢掉侥幸心理。三、注意审讯环节,从供词中找出破绽,抓住不放,一追到底。王智局长的指示,极大地鼓舞了分局的同志们,在他们认真贯彻领导意图的情况下,审讯很快便发生了根本性的扭转。

"4月9日，我上班后便溜出了厂门……"呼格吉勒图交代说，"我趁天昏地暗，便溜进了公共女厕所挨门的第一个蹲坑蹲下，假装大便，实际上是企图强奸进厕的女人。大约8点半钟，见一个女的走进来，她蹲在了靠里点的蹲坑上，我便朝她扑过去，就要强奸。那女的见我扑过来，赶忙提起裤子，并厉声问我'你要干什么？'我低声说，'别喊！'说着，我将她抱住，是用一只胳膊将她的脖子搂住，怕她喊，用另一只手掐住她的咽喉。没想到，她没吭声，我便将她的裤子拉下……上上下下摸了一气就跑出来了。我知道她已经死了，怕将来追查到我，便回厂叫了闫峰，以便让他证明我是上班来着，是偶然发现女尸的。我报案一是怕闫峰说漏了嘴，二是想转移你们追查的目标……"

这供词是熬了48小时之后才获得的。为了证实呼格吉勒图交代的真实性，由分局刑警队技术室对他的指缝污垢采样，进行理化检验。市公安局技术室和内蒙古公安厅进行了严格科学的鉴定。最后证明和呼格吉勒图指缝余留血样是完全吻合的。杀人罪犯就是呼格吉勒图。

经呼和浩特市人民检察院指控，呼和浩特市中级人民法院于1996年5月17日作出（1996）呼刑初字第37号刑事判决，认定呼格吉勒图犯故意杀人罪，判处死刑，剥夺政治权利终身；犯流氓罪，判处有期徒刑五年，决定执行死刑，剥夺政治权利终身。宣判后，呼格吉勒图以没有杀人动机，请求从轻处理等为由，提出上诉。内蒙古自治区高级人民法院于1996年6月5日作出（1996）内刑终字第199号刑事裁定，驳回上诉，维持原判，并根据当时有关死刑案件核准程序的规定，核准以故意杀人罪判处呼格吉勒图死刑，剥夺政治权利终身。1996年6月10日呼格吉勒图被执行死刑。

从案件发生到告破，从案件审理到做出判决并执行完毕，历时仅仅61天。

（二）中期出现转机

2005 年，被媒体称为"杀人恶魔"的内蒙古系列强奸杀人案凶手赵志红落网。在审讯期间，赵志红开口交代的第一起罪行就是发生在 1996 年的"4·9"女尸案。经办案民警多次审问，赵志红每次都称自己就是"4·9"女尸案的真凶，其所供述的作案细节比早前作为凶手枪决的呼格吉勒图所说的还要具体、详细，他甚至还能够清楚地指出当时的作案现场。后经过公安部刑侦技术专家杨承勋和吴国庆亲自赶赴内蒙古对赵志红做了包括测谎、心理和精神鉴定等多种技术测定，最后的结果证实赵志红确系 1996 年"4·9"女尸案的真凶。杨承勋说："呼格吉勒图肯定是被冤枉的，是一个错案，赵志红肯定是真凶。"

此后，呼格吉勒图父母持续上访。在赵志红归案后不久，新华社内蒙古分社政文采访部主任、高级记者汤计从内蒙古政法系统了解到这起疑点重重的案件。2005 年 11 月 23 日，汤计写出了第 1 篇题为《内蒙古一死刑犯父母呼吁警方尽快澄清十年前冤案》的情况反映。很快，这篇报道引起了中央有关领导的关注，内蒙古自治区党委、政法委于 2006 年 3 月初，成立了以副书记宋喜德为组长的"呼格吉勒图流氓杀人案"复查组，对案件进行全面复查。同年 8 月案件复核的结论称，当年判处呼格吉勒图死刑的证据明显不足。但法院认为没有新的物证仅凭杀人犯赵志红的口供不能重启审判程序。

（三）后期判决无罪

2005 年至 2014 年期间，呼格吉勒图案最早报道者新华社内蒙古分社记者汤计先后发出了 5 篇内参稿件，呼吁再审呼格吉勒图案。

2007 年年初，汤计根据呼格吉勒图案的相关材料，写出第四篇内

参：上篇是《死刑犯呼格吉勒图被错杀？——呼市 1996 年"4·9"流
氓杀人案透析（上）》，下篇是《死者对生者的拷问：谁是真凶？——呼
市 1996 年"4·9"流氓杀人案透析（下）》。此案引起新华社《瞭望》
新闻周刊的关注并对此进行报道，此案成为国内众多媒体关注的焦点。

2014 年 11 月 20 日上午，内蒙古自治区高级人民法院立案庭庭长
暴巴图代表高院向呼格吉勒图父母送达立案再审决定书，称呼格吉勒图
父母以"原审判决和二审裁定认定事实不清，证据不足，适用法律错误，
请求依法宣告呼格吉勒图无罪"等为由，向内蒙古高院提出申诉。内蒙
古高院经审查认为，该申诉符合重新审判的条件，依法决定另行组成合
议庭进行再审。备受关注的呼格吉勒图案进入再审程序。

12 月 15 日，内蒙古高级人民法院举办新闻记者发布会宣布再审结
果，决定撤销原判、宣告呼格吉勒图无罪。内蒙古高院在再审判决中，
列举了改判呼格吉勒图无罪的三个理由：

其一，犯罪手段供述与尸体检验报告不符。呼格吉勒图多次有罪供
述称采取卡脖子、捂嘴等犯罪手段与被害人杨某某"后纵膈大面积出血"
等尸体检验报告内容不符。其二，血型鉴定结论不具有排他性。呼格
吉勒图本人血型为 A 型，对呼格吉勒图指甲缝内附着物检出 O 型人血，
与被害人血型相同。但血型鉴定为种类物鉴定，该鉴定结论不具有排他
性、唯一性，不能证实呼格吉勒图实施了犯罪行为。其三，呼格吉勒图
的有罪供述不稳定，且与其他证据存在诸多不吻合之处。呼格吉勒图在
侦查、审查、起诉和审理阶段均曾供称采取了卡脖子、捂嘴等暴力方式
强行猥亵被害人，但又有翻供的情形，有罪供述并不稳定。而且供述中
关于杨某某的衣着、身高、发型、口音等内容与尸体检验报告、证人证
言之间有诸多不吻合。

内蒙古高院副院长赵建平当面向呼格吉勒图父母道歉。院长胡毅峰
同时托赵建平交予呼格吉勒图父母三万元慰问金，并向他们表示可以申

请国家赔偿。

2014 年 12 月 30 日，内蒙古高院作出国家赔偿决定，决定支付呼格吉勒图父母赔偿金，总计人民币 205.96214 万元。12 月 31 日，呼格吉勒图的父母领取了国家赔偿决定书。

在撤销原判的文书送达的当天，内蒙古自治区党委宣布已启动呼格吉勒图案追责程序。

2016 年 1 月，内蒙古自治区相关部门公布了对呼格吉勒图案负有责任的 27 人的具体追责结果。

三、案例分析

普通民众："内蒙古高院敢于纠错，勇于担当，为法院点赞"；"这是对依法治国最好的诠释"；"这起案子启动再审，事实上是让老百姓对中国司法更有信心了"；网友们对此案的再审和改判给予积极评价。也有人对承办案件的司法人员提出批评，要求追究他们的法律责任。

法律专业人员：法律界专家普遍认为，从呼格吉勒图被改判无罪到聂树斌案启动复查程序，可以看到中国司法纠错的态度和决心，这也是党的十八届四中全会以来全面推进依法治国进程中的一个重要进步，是中国司法机关完善冤假错案纠正机制的一个重要标志。错案改判，无论是坚持疑罪从无理念，还是进一步确立终身追究制度，都将对提升今后的案件审判质量起到重要作用。"呼格吉勒图案在司法史上有特殊意义，对类似案件的处理有很强的借鉴意义。"北京师范大学法学院教授宋英辉认为，此案的改判标志着党的十八大以来，司法机关一系列防范和纠正冤假错案的努力进入新阶段。

华东政法大学教授童之伟认为冤案纠错后反思更重要，呼吁可从三个方面着力：

一要反省和吸取呼格吉勒图冤案当年连过数关，让法律设定的制约监督制度形同虚设的教训。呼格吉勒图案的侦查人员固然是违法办案、草菅人命，检察院公诉到法院，一审判处被告人死刑之后还有二审，二审之后还有死刑复核程序！是哪些具体因素使得公检法三个办案环节的相互制约体制失灵？又是哪些因素使得法院的审级监督和死刑复核程序失效？这些缺口都应该检讨。

二要全面追究呼格吉勒图冤案铸造者的法律责任。党的十八届四中全会决定也提出"有权必有责、用权受监督、违法必追究"，"实行办案质量终身负责制和错案责任倒查问责制"。实行这个制度，应该而且完全可以从呼格吉勒图案开始。

三要检讨呼格吉勒图冤案极其艰难的昭雪历程，改变冤假错案纠正难的制度格局。制造冤案者是冤案的受益者，必然拼命维护冤案，阻挠检举揭发和调查纠正。解决这个问题，不仅要形成更合理更规范的回避制度，还应该更进一步落实公民申诉、控告、检举的基本权利。2013 年 10 月，最高法院发布《关于建立健全防范刑事冤假错案工作机制的意见》（简称《意见》），提出：(1) 采用刑讯逼供或者冻、饿、晒、烤、疲劳审讯等非法方法收集的被告人供述，应当排除。(2) 除情况紧急必须现场讯问以外，在规定的办案场所外讯问取得的供述，未依法对讯问进行全程录音录像取得的供述，以及不能排除以非法方法取得的供述，应当排除。(3) 只有被告人供述，没有其他证据的，不能认定被告人有罪。

此外，要有效预防冤案，应该培养侦查、检察人员和法官的人权意识和职业良知，筑起巩固的心防。人最宝贵的是生命和自由。对于官员，谋求立功和晋升完全可以理解，但君子晋升也应取之有道，切不可用无辜者的鲜血染红自己的"顶戴"，也不可用无罪者的自由铺成自己的仕途之阶。制造刑事冤案是比贪污受贿性质更恶劣、更应该受到良心谴责的犯罪行为。

国外媒体：法国欧洲时报网 2014 年 12 月 17 日发表文章认为，无论是纠正错案，还是推动制度建设，无疑都需要极大的勇气和决心。虽然过程一波三折，也离不开外界推动，但毕竟是法院系统在法律框架内部通过正常法律程序完成，这与具有人治色彩的"平反"相比，法治是最终的赢家。文章指出："从技术角度看，在 1996 年的司法条件下，DNA 技术手段尚未普及，痕迹鉴定水平存在缺陷，但是这些客观条件的局限性并不能成为掩盖司法观念的历史性缺陷。"

四、借鉴与启示

（一）谨慎适用死刑

死刑是剥夺犯罪人生命的刑罚方法。保留死刑，严格控制死刑是我国的基本死刑政策。我国现在还不能立即废除死刑，但应逐步并尽量减少死刑的适用，尤其要杜绝冤假错案的发生。因为一旦发生错误，就会造成无法挽回的后果。以前为了体现"从重从快"的"严打"要求，最高法院曾经把对部分案件的死刑复核权下放给了各省级法院。呼格吉勒图被执行死刑就是由内蒙古高院自行复核的。而现在，死刑的复核权已经上收到最高法院。各级死刑适用机关必须以严格控制死刑这一政策为指导，谨慎适用死刑。严格遵守罪刑法定原则，不得违反法定程序适用死刑。杜绝像呼格吉勒图这样的冤案在今后发生。

（二）铲除冤假错案滋生的土壤

在今天，"严打"的刑事政策早已为"宽严相济"的刑事政策所取代，刑事司法活动回归常态化，今后这种草率侦查、起诉和审判的情况几乎不可能发生。但我们仍然看到，有些可能产生类似呼格吉勒图冤案的土壤并没有完全消失。其一，"疑罪从无"的原则尚未得到彻底贯彻。呼格吉勒图案在审理中，疑点重重，但其最终仍被认定有罪。今天，"疑罪从无"原则已经在刑事诉讼法中给予明确，但现实中，由于惯性思维，以及一些地方司法、行政机关破案心切等因素，"疑罪从有"的情况仍时有发生。其二，非法证据排除的规则并没有真正落实到位。尽管修改后的《刑事诉讼法》规定了非法证据排除机制，但在实践中，有些通过刑讯逼供手段获得的证据并未真正得到排除。针对上述情况，首先要加强以审判为中心的诉讼制度的改革，强化庭审作用，防止庭审走过场。从源头上进一步完善杜绝冤假错案发生的根本制度保障。与此相配套，加强对非法证据的排除，进一步严格证据制度，使人民法院在定罪量刑上，有客观真实的证据作为依据，才能够真正有效的防范新的冤假错案的发生。

（三）畅通纠正冤假错案的渠道

据统计，2014 年纠正的 12 起冤假错案的纠正方式，有 9 起由法院再审或二审改判，占到了 75%，另有 3 起由检察院直接撤回起诉，占到 25%。12 起案件，9 个省份的各级法院共审理了 58 次，平均每起案件需审理近 5 次；当事人从被警方确定为犯罪嫌疑人到被法院宣告无罪或检察机关撤诉后被取保候审，平均需 10 年时间。这说明一些冤假错案得以昭雪的途径和程序并不畅通。一方面，冤案平反往往较难启动，像呼格吉勒图案，历经 10 年才启动再审程序，与仅仅 61 天就被定罪判刑形成了极其鲜明的对照，难怪媒体发出"一起命案的'快'与'慢'"的感慨。特别值得注意的是，如果没有新华社记者以及社会舆论的广泛关注，这一案件的再审几乎是不可能的。另一方面，冤案平反不少都是依赖"真凶再现"或者"死者复活","佘祥林案"、"赵作海案"都是如此。因此，必须畅通纠正冤假错案的渠道。法律监督机关要充分发挥自身职能作用，一旦发现冤假错案线索，就要及时介入调查、立案查实，不要像这起案件一样，自始至终看不到检察院的身影，只有呼格吉勒图的父母长期上访和新华社记者在体制内与阻碍纠错的势力在角力。办案单位要坚持实事求是、有错必纠的原则，一旦发现错误，就及时进行纠正，并对负有责任的办案人员依法追责。

参考文献

1. 新浪网：《内蒙古呼格吉勒图案专题》，http：//news.sina.com.cn/c/z/nmgy-sa2014/。

2. 汤计：《为呼格案奔走9年，我一直相信正义等得到》，《新华每日电讯》2015年2月15日。

3. 新华网：《内蒙古高院对呼格吉勒图案作出再审判决　宣告无罪》，http：//news.xinhuanet.com/legal/2014-12/15/c_1113638545.htm。

4. 网易：《内蒙古公布呼格吉勒图案追责结果》，http：//news.163.com/16/0201/00/BEMRSS4S000156PO.html。

5. 中国新闻网：《聚焦呼格案再审：重启尘封疑案　彰显法治自信》，http：//www.chinanews.com/fz/2014/12-16/6880816.shtml。

6. 童之伟：《冤案纠错后反思更重要》，《南方周末》2014年12月19日。

7. 张明楷：《刑法学》，法律出版社2015年版。

（魏淑君　编写）

马航 MH370 客机失联事件

2014 年 3 月 8 日凌晨 2 点 40 分，马来西亚航空公司称一架载有239 人的波音 777—200 飞机与管制中心失去联系。该飞机原定由吉隆坡飞往北京，航班号为 MH370。国际社会经过一年多的搜寻，至今仍未找到这架失联客机。2015 年 1 月 29 日，马来西亚民航局宣布，依据《芝加哥公约》相关规定，确认马航 MH370 客机失事，并推定机上 239名人员全部遇难。

一、案例背景

（一）马来西亚航空公司

马来西亚航空公司（MAS，以下简称"马航"）是马来西亚的国家航空公司，其主要航空基地是吉隆坡国际机场，二级枢纽机场设于亚庇。马航的历史可以追溯到 1947 年成立的马来西亚航空公司（Malayan Airways），之后，马航与新加坡航空（MSA）几经组合拆分，直至组建成现在的马来西亚航空公司。

马航历史上的主要航空事故有 4 起，分别为：1977 年 12 月 4 日，槟城飞吉隆坡的波音 737—200 遭劫持坠毁，100 人遇难；1983 年 12 月 18 日，新加坡飞吉隆坡的空客 A300 在降落时坠毁，无人遇难；1995 年 9 月 15 日，一架福克 50 在降落时坠毁，34 人遇难；2013 年 10 月 10 日，一架沙巴飞古达的飞机坠机，副驾驶和一名乘客遇难，4 名旅客受伤。

（二）马航 MH370 执飞机型参数

当日执飞马航 MH370 的波音 777 型客机，是世界上最受欢迎、最先进的客机机型之一，也是波音公司首款配有遥控自动驾驶仪的商务机型。波音 777 型飞机，运营成本低，可在不停下加油的情况下飞行长达 16 小时，其飞行安全记录在业内最好，在投入使用的 19 年间只发生过两起严重事故。

部分参数：长度 63.70 米；翼展 60.90 米；高度 18.50 米；机舱宽度 5.86 米；注册编号 9M—MRO；包括商务舱座位 35 个、经济舱座位 247 个。

飞机年代：2002 年 5 月 14 日首飞，同年 5 月 31 日交付马来西亚航空公司，累计在空中飞行时间达 53400 小时。

事故记录：该飞机曾于 2012 年 8 月 9 日在执行马来西亚航空 389 号航班（上海—吉隆坡）时，与准备飞往洛杉矶的一架空中客车 A340—600（编号 B-6050）发生剐蹭，导致本机的机翼受损。

维护情况：每飞行 500 小时后进行一次轻度保养（A check）。最后一次 A check 在 2 月 23 日进行，没有发现任何问题。

（三）MH370 航班舱内情况

机上人员：机载 239 人，其中乘客 227 名（含 154 名中国人），机组人员 12 名。

机组成员：机长扎哈里—艾哈迈德—沙阿（Zaharie Ahmad Shah），马来西亚籍，53 岁，累计飞行时数达 18365 小时，于 1981 年加入马航；副驾驶法里克—阿卜杜勒—哈米德（Fariq Abdul Hamid），马来西亚籍，27 岁，总计飞行时间 2763 小时，2007 年加入马航；乘务长安德鲁—纳里（Andrew Nari）；空姐 Goh Sock Lay 等其他 9 名机组人员。

机上物品：飞机里没有危险或贵重物品(航空公司称)；货舱中有"大量"的锂电池(具有可燃性)，"比通常的装载量要多"(一名美国官员称)，以及已知的 4 吨山竹果。

（四）飞行轨迹

马航 MH370 正常航线：2014 年 3 月 8 日 0 点 41 分于马来西亚首都吉隆坡起飞，计划于 6 点 30 分到达北京首都机场。

实际航线：2014 年 3 月 8 日，飞机于 0 点 41 分准时起飞，1 点 01 分达到 35000 英尺的巡航高度。1 点 22 分，雷达显示飞机最后位置是在 35000 英尺高度。1 点 30 分后，飞机开始低空飞行。在经过哥达巴鲁（马来西亚半岛东海岸北部城市）附近海域（即泰国湾南部）Igari 导航点后失去联系。

失联后航线分析：马来西亚空军方面推测，飞机此后经过哥达巴鲁北部海上一钻井平台，再至哥达巴鲁上空，顺时针转了一圈之后沿马来西亚、泰国边境处低空向西飞行。在经过 Paulau Perak 小岛后，军事雷达上的信号一度消失。最后在与 Langkawi 平行纬度的地方上一个名为

Vampi 的导航点上,这架飞机再次短暂出现。经过 Vampi 之后,飞机就进入了安达曼海各国雷达监控不到的海域,最终"终结"于南印度洋。

二、案例始末

2014 年 3 月 7 日,机场摄像头录下了飞行员过安检时的镜头。和往常一样,8 日凌晨 0 点 41 分,马航 MH370 经 32 右跑道起飞前往北京。马航 MH370 起飞后不到一分钟,飞机机组被告知修正路线飞往北京,飞机要右转,经 IGARI 路点,通过一条直线飞往北京。路点(Way Points)是地图上协助空管及飞行员用来导航的代码,在 IGARI 附近,马航 MH370 将由马来西亚空管移交给对面的越南方面管理。经过 26 分钟飞行后,从飞机上自动发出最后一条 ACARS 信息,显示飞机按照正常路线飞往北京。

3 月 8 日凌晨 2 点 40 分,马来西亚航空公司报告称一架飞机与管制中心失去联系。该飞机为波音 777—200,航班号为 MH370,由吉隆坡飞往北京,原定应于北京时间 2014 年 3 月 8 日 6:30 抵达北京。该飞机于凌晨 1:20 在胡志明管制区同管制部门失去通讯联络,同时失去雷达信号。经相关管制部门联络证实,该机一直未与中国管制部门建立联络或进入中国空管情报区。此时,各方确认马航 MH370 失联,失联方位是北纬 06° 55′ 15″,东经 103° 34′ 43″。

(一) 搜救过程

马航 MH370 失联事件发生后,国际社会紧急动员,先后有来自 25 个国家的 160 艘/架舰机(包括 65 架飞机和 95 艘舰船)及专家参与了失联客机的搜寻和救援工作，他们包括：澳大利亚(4架飞机,2艘舰船)、柬埔寨（4架飞机）、中国（13架飞机，19艘舰船）、印度（4艘舰船）、印度尼西亚（11艘舰船）、日本（4架飞机）、新西兰（1架飞机）、新加坡（3架飞机，2艘舰船）、韩国（2架飞机）、泰国（1架飞机，1艘舰船）、阿联酋（2架飞机）、美国（5架飞机，4艘舰船）、越南（2架飞机，2艘舰船），其他未能派遣实体搜救力量的国家也以各种方式给予了支持。

中国在马航 MH370 失联后的搜寻工作中发挥了积极的作用。在事件发生后，中共中央总书记、国家主席、中央军委主席习近平和中共中央政治局常委、国务院总理李克强分别迅速作出指示和批示，指派包括交通运输部、外交部、公安部、民航局、海军、空军等在内的国内多方专业力量参与到失联客机的搜寻行动当中。中国累计投入搜救任务的有13架飞机、19艘舰船、80艘商船、渔船以及21颗卫星等在内的多种装备和2500多人次工作人员的搜救力量，并派出专家深度参与事件调查。这是我国首次在境外海域组织远距离、大规模的搜寻行动，在搜寻区域内，我国舰船和飞机形成水面、水下与空中的立体全覆盖。交通运输部（中国海上搜救中心）作为此次事件中我国海上搜寻行动的主要指挥力量发挥了关键重要。事件发生后，交通运输部宣布立即启动一级应急响应机制，成立马航失联客机应急反应领导小组，积极与国内相关部门及马来西亚、澳大利亚等国家的海上搜救机构与民航局进行沟通协调，并指派包括南海救助局、广东海事局、上海海事局、东海救助局、上海打捞局等部属单位在内的多个救捞专业力量参与搜寻。

马航 MH370 失联事件发生至今，国际社会的搜寻行动可以分为两个阶段：一是应急搜寻阶段，由四个时间节点组成；二是长期搜寻阶段，由两个时间节点组成。

1.应急搜寻阶段

（1）3月8—14日，马航 MH370 失联事件刚刚发生，事件被怀疑是劫机事件而非自然灾难事故，此时马拉西亚、越南等国率先在南中国海泰国湾—印度洋安达曼群岛海域展开应急搜寻。中国政府启动应急机制，联合工作组赶赴马来西亚，中国海上搜救中心确定搜寻方案，并在第一时间派出多艘船舰赶赴相关海域，调动10颗卫星参与搜寻。

（2）3月15—20日，国际海事卫星组织在南印度洋的卫星发现MH370航班的飞行轨迹，分析失联客机应在北方（老挝至里海）和南方（印尼至澳大利亚以西海域）两条空中走廊一带，此时参与搜寻的国家达到25个，堪称史上最大规模搜救行动。中国海上搜救中心迅速调整搜寻方案，10艘船舰兵分两路，分别向南、北两个指定区域出发，开展搜寻行动。同时，中国驻澳大利亚大使馆也启动应急预案，继续协调大量商船、科考船、公务船以及卫星在新划定的搜寻海域展开搜寻行动。

（3）3月21—28日，马来西亚总理在24日晚宣布，MH370航班在南印度洋终止飞行，各国因此结束在北部走廊的搜寻工作，搜寻工作转移到澳大利亚珀斯以西的南印度洋海域。我国参加北部搜寻的力量全部转移，参与到新划定的南部疑似失联海域的搜寻行动中，中国与澳大利亚等国家展开联合搜寻行动。同时，我国派出特使，前往马来西亚协调搜寻行动。

（4）3月29日—4月28日，国际搜寻力量转移到距离珀斯西北约1741公里海域。参与这一时期搜寻的力量有澳大利亚"海盾号"搜救船、美国的黑匣子探测仪（拖曳声波定位仪"TPL-25"与"Bluefin21"水下无人潜航器）、美军的"蓝鳍金枪鱼"水下自主航行器等高技术装备投入搜寻，搜寻结果显示仍无任何重大发现。中国海上搜救中心根据澳大利亚公布的搜寻范围，重新对搜寻力量和搜寻区域进行划分。同时，也对一些疑似漂浮物进行确认，但均被否定。

2.后续长期搜寻阶段

（1）4月28日—6月25日，在这一时段，各国搜寻范围仍在澳大利亚珀斯以西，但以印度洋海底更大范围为重点的区域，搜寻工作的重点放在海底搜寻，海上与空中搜寻工作逐步停止。搜寻方式也从飞机和船舰的可视化搜寻转为带有先进传感器的水下设备在海底的搜寻。中国海上搜救中心根据澳大利亚的搜寻方案对中国现场搜寻力量进行了相应调整，协调组织具有水下搜寻探测能力的"海巡 01"舰船赴任务水域，参与水下搜索和后续相关工作。同时，中国派出具有更强深海扫测能力的"竺可桢号"测量船前往南印度洋海域参与搜寻。

（2）6 月 25 日以后，澳大利亚官方于 6 月 25 日确定新一阶段的水下搜寻区域，范围是距离珀斯西南方 1800 公里处的一片印度洋海域，预计搜寻工作将持续一年时间。中国"竺可桢号"测量船与澳方"辉固赤道号"商业船在南印度洋测绘 6 万平方公里海域的海底地图。10 月之后，马来西亚、中国和澳大利亚通过招投标，开始雇佣商业机构荷兰辉固测绘公司参与后续的深海探测与搜寻工作。至此，对马航 MH370 失联客机的搜寻进入以商业化运行为主要形式的长期搜寻阶段。

（二）事件结果

马来西亚民航局于 2015 年 1 月 29 日举行新闻发布会，公布马航 MH370 失联客机搜寻情况的重要进展。民航局局长阿兹哈鲁丁在会上宣读了相关声明，称依据《芝加哥公约》相关规定，确认马航 MH370 客机失事，并推定机上 239 名人员全部遇难。

对于遇难人员的赔偿工作，马来西亚政府保证，马来西亚航空公司会承担相应责任，保障家属根据相关国际公约、国内法并合理参照国际惯例所应享有的正当权益，包括通过协商或诉讼等方式完成赔偿程序。对于事件的调查工作，马来西亚已经委托由来自 7 个国家的授权代表组成的安全调查组进行安全调查。由马来西亚皇家警察主导的刑事调查也在进行当中。

中国政府表示将同马来西亚政府和澳大利亚政府密切合作，积极参与搜寻和调查，做好对乘客家属的服务工作，切实维护乘客家属的合法权益。

三、案例分析

(一)关于马航事件中沟通存在问题

公共危机沟通是以政府为主体的公共部门，通过一定的媒介向公众传播某些思想、与公众进行信息沟通以及影响工作的过程。其目的在于凭借沟通手段，达到化解危机和规避危机的作用。有效的危机沟通对于政府成功应对公共危机事件，发挥着至关重要的作用。在马航事件中，马来西亚政府在危机应对的沟通环节方面却遭受到了广泛的非议，比如，人为的自由裁量空间过大，没有及时对外发布客机失联时间，马来西亚方面对于客机重要的航向信息刻意地隐瞒，不向国际社会进行及时的告知。马航事件中暴露了政府在危机沟通机制的欠缺，预警机制不完善，协调机制不完善。

(二)政府在危机公关中存在问题

在马航事件中马来西亚政府的公关活动，在两个方面出现了严重的失误：其一，媒体公关。马来西亚政府自身混乱的信息发布不仅为媒体造谣传谣预留了空间，而且由于没有与主流媒体进行及时有效的沟通，失去了舆论宣传的话语权，使得马来西亚政府始终处于媒体强烈的炮轰里，在被动的招架中狼狈不堪。其二，家属公关。危机事件最惨痛的代价往往来自家属心理层面的影响，当人们发现政府无法适当与人性化地处理危机时，他们将承受更加深重的痛苦。客机失联当天早晨的9点左右大部分家属才知道事情的发生，官方对于家属焦急的心情没有丝毫的同情。而当 3 月 24 日马来西亚方面宣布客机已经坠毁于南印度洋的消息时，不仅选择通过短信的方式通知家属这个噩耗，毫无起码的尊重和人性关怀可言，而且在宣称无人生还的结论时，马来西亚政府却拿不出任何有力的证据。这一连串危机沟通行为的失败，彻底激起了人们压抑已久的愤怒，家属代表随即联名发表声明，对马来西亚政府如此草率的、漠视生命的做法提出强烈的抗议。

（三）国际合作信息共享中存在问题

"马航事件"发生后，对于失联客机的搜寻工作成为最为核心的问题。搜寻任务前所未有的艰巨性决定了这时势必需要国际社会的力量共同参与其中，所以如何利用危机沟通促使各国力量开展起有效的联动，将是搜寻工作能否顺利进行的关键所在。然而，马来西亚方面并没有为这样大规模的国际合作建立一个顺畅的信息共享渠道，重要的信息总是延迟到达参与救援的各国手里，这严重阻碍了搜寻进度的提高。此外，由于信息总是无法实现各国共享，使得推测与怀疑的声音始终充斥在救援工作的开展过程中。于是我们就看见了各国救援力量不得不花费大量的精力去证实那些虚假的情报信息。这不仅使得参与救援的国际力量被迫陷入到了"各自为政"的泥潭之中，而且始终无法形成一个有效的合力。这样低效的、混乱的局面也使得马来西亚政府的危机沟通能力受到了严重的质疑，其政府声誉乃至于整个国家形象都遭受到了很大程度的损害。

四、启示借鉴

马航 MH370 失联事件的搜救行动，汇集了国际社会的优势人力、财力以及物力。这次事件的发生也给我们留下许多思考和启示。

（一）建立国内应急协调和国际应急合作机制

首先，是要加强国内各方面处理突发事件的应急沟通协调机制。在本次事件中，交通运输部作为牵头单位，协调了军、地多个部门和企业共同参与搜寻工作，充分发挥了国家海上搜救部际联席会机制牵头单位的作用。但从实际运行来看，各搜寻力量之间还存在沟通不顺畅的情形。在信息共享与合作机制方面，国内在沟通和协同方面还存在差距，应建立更高层面的机构来统一协调各方力量，处理突发应急事件。其次，要建立与当事国的合作机制。从马航 MH370 失联客机的搜寻过程看，暴露出我国与马来西亚之间缺乏更为顺畅的沟通渠道，马来西亚有关信息没有第一时间向我国提供，我国不能掌握事件的最新信息，致使搜寻工作限于被动。从长远来看，我国有必要与周边国家建立应急救助合作机制，加强信息共享、技术装备与人员的交流与合作。最后，要与发达国家建立应急救援合作机制。在此次事件中，美国、英国等发达国家掌握了飞机发动机、卫星等多方面的信息，但并未提供给我国共享，我国救援投入力量最大，但因信息缺乏而事倍功半。因此，我国应与发达国家建立应急救援合作机制，共享一些突发事件的核心信息资源，提高应急救援的可靠程度和应对速度。国家间应按照《国际海上人命安全公约》《国际海上搜寻救助公约》等有关公约构建针对重大突发事件的搜寻系统情报中心或合作协调机构，实现与相关国家应急救援的常态化合作。

（二）加强我国应急救助基地和专业救助力量建设

我国湛江应急救助基地至泰国湾大约 2200 公里，三亚应急救助基地至泰国湾大约1850公里，永兴岛应急救助基地至泰国湾约1500公里。在马航 MH370 失联事件发生后的最初阶段，我国各搜寻舰船赶往疑似海域参与搜寻行动的距离均在 1300—2200 公里，抵达时间均需要 21—61 小时，救助基地和舰船距离疑似海域较远，客观上严重制约了我国迅速开展有效搜寻工作。今后如果类似突发事件发生在我国南海远端海域，我国救援力量从现有基地出发到达事发地的时间势必会影响救援效果。因此，无论是从维护国家海洋权益，还是应急救援的角度，都有必要在西沙、南沙等地建立应急救助基地。另外，马航事件引发全球高度关注，也为大国展示综合实力提供了舞台，本次事件使得海上搜寻、救助、打捞力量的重要性进一步突显，中国也应在类似国际大事件中发挥与国际地位相称的作用。在国家建设海洋强国，维护海洋权益、大力开发海洋资源、海上运输强度增大、海上活动频繁的大背景下，各类常态和非常态突发事件发生概率增长，建立与我国国家实力和国家需要相适应的一支现代化专业海上搜寻、救助和打捞力量迫在眉睫。

（三）海洋探测、打捞技术与装备亟待加强

一是，在此次南印度洋搜寻行动中，我国真正参与深海搜寻探测的装备只有海巡"01"上安置的 1 套黑匣子搜寻仪、2 台潜水机器人、1 套旁侧声纳和磁力仪等，但均是从国外进口。这些装备在探测深度、连续工作时间、搜寻性能等方面与美国 TPL—25、"蓝鳍金枪鱼—21"等装备存在较大差距，暴露出我国深海探测技术、装备能力不足。二是我国高性能海上低空搜寻技术、装备能力不足。由于我国缺乏高性能的灵活轻便型反潜巡逻机、水上低空飞机等现代装备，在我国派出大型运输机伊尔—76 参与海上搜寻之前，参与海上搜寻装备只有舰艇、舰载直升机和空军非搜寻专业飞机，而这些非专业搜寻飞机与船舰在低空搜索方面，由于缺乏雷达、磁异探知器等现代观察器材，基本只能采用目视

方式，不能长时间、快速高效、准确的搜寻。三是深海打捞技术、装备实际作业能力不足，国外深潜器搭载非常先进的专业机器人辅助参与实地打捞，同时拥有丰富的实战经验，我国深海打捞技术装备仍处于起步阶段，深海打捞还缺乏实战经验。四是救援船舶上实时通讯能力不足。在此次搜寻行动中，我国搜寻船舶上没有装配与海事监测相关的信息监测系统或侦察装备，主要依靠目视方式进行搜寻，现有搜寻船舶上不具备实时通讯的视频监控指挥系统（部分船上租用有临时设备），不掌握远洋海底地理测绘信息；不具备海事实时图像卫星传输能力。

（四）其他方面的启示

马航 MH370 失联事件给遇难家属和亲人带来了巨大的悲伤，同时也引发了人们的各种思考，我们不能穷尽所有问题，在此罗列一二。比如，波音系列飞机存在的信息隐瞒问题。生产商与波音 777 发动机建立 EHM 系统，可自动接收飞机发动机关键信息，而波音公司则提供飞机每隔一小时自动发送脉冲信号和国际海事卫星建立联系的"隐形"服务，这些问题是在马航 MH370 事件中才披露出来。又比如，在本次事件中西方媒体展示的"软实力"。马航 MH370 事件发生后，美联社、CNN、BBC、纽约时报、路透社等国外老牌媒体，在失联飞机搜寻行动中屡次爆出关键信息，一定程度上倒逼马来西亚在信息披露以及调查线索方面作出重要的转折与调整，而我国的一些媒体则完全充当西方媒体内容的"传播者"与"受益者"。说明在这个信息爆炸、社交媒体多元化的时代，传统媒体仍是新闻生产的主力军，我国新闻媒体提高报道的专业化水平刻不容缓。还有比如，马来西亚官方信息披露混乱无序的问题，马拉西亚机场安全检查漏洞的问题，现代航空通信技术不完善、搜寻技术落后的问题，飞行员等特种专业岗位人员的心理健康等问题。这些问题都值得我们深入思考、开展研究。亡羊补牢，未为晚矣。

参考文献

1. 李志杰：《新时期我国开展公共危机沟通的对策研究——由"马航 MH370 客机失联事件"引发的启示》，《呼伦贝尔学院学报》2014 年 7 月。

2. 常江、杨奇光：《聚焦马航 MH370 失联事件中的媒介现象》，《新闻界》2014 年第 10 期。

2. 新华网：《从"失联"到"失事"：马航 MH370 事件全景回顾》，http：//news.xinhuanet.com/world/2015-01/29/c_127437491.htm。

3. 科学人：《迷失深海：关于马航 MH370 事件的反思》，http：//www.guokr.com/article/438545/。

（戴维亚　编写）

上海外滩踩踏事件

一、案例始末

2014 年 12 月 31 日 23 时 35 分，上海市黄浦区外滩陈毅广场东南角通往黄浦江观景平台的人行通道阶梯处发生拥挤踩踏，造成 36 人死亡，49 人受伤。2011 年起，黄浦区政府、上海市旅游局和上海广播电视台连续三年在外滩风景区举办新年倒计时活动。鉴于在安全等方面存在一定的不可控因素，黄浦区政府经与上海市旅游局、上海广播电视台协商后，于 2014 年 11 月 13 日向市政府请示，新年倒计时活动暂停在外滩风景区举行，将另择地点举行，活动现场观众将控制在 3000 人左右，主办单位是黄浦区政府和上海广播电视台。对此，上海市政府同意暂停在外滩风景区举办新年倒计时活动，并就另择地点举办的活动，明确要求"谁主办、谁负责"，坚决落实属地管辖，切实把责任落到实处。

2014 年 12 月 9 日，黄浦区政府第 76 次常务会议决定，2015 年新年倒计时活动在外滩源举行，具体由黄浦区旅游局承办。同时，要求区有关部门落实活动的各项保障措施。12 月 26 日，黄浦公安分局作出大型群众性活动安全许可决定书，同意区旅游局举办新年倒计时活动的申请。

2014 年 12 月 9 日黄浦区政府第 76 次常务会议明确："区公安分局要会同区市政委（即黄浦区市政管理委员会，以下简称'黄浦区市政委'）等部门做好活动预案，尽快梳理活动当天全区范围内各类迎新活动，认真研究应对方案，做到统筹协调、有序安排，合理部署各类保障力量，确保外滩、人民广场、新天地等重点地区安全有序。"12 月 25 日，黄浦公安分局制定了新年倒计时活动安全保卫工作方案，主要内容是成立新年倒计时活动安保工作指挥部，下设现场管控、外滩及南京路沿线秩序维护两个分指挥部。新年倒计时活动共安排安保警力 771 名、主办方保安 180 名。其中，外滩、南京路沿线秩序维护警力 350 名（陈毅广场 60 名，阶梯处 7 名），其余警力分别用于外滩源活动现场管控、反恐处突、综合保障、公共安全管理、机动力量武警等。（2014 年 12 月 9 日黄浦区政府第 76 次常务会议，通过了黄浦区旅游局制定的在外滩源举办的新年倒计时活动方案。）12 月 30 日上午 9 时 30 分，黄浦区新闻办召开新闻发布会，由黄浦区旅游局对外发布了新年倒计时活动信息。12 月 31 日，黄浦区市政委及其下设的黄浦区外滩风景区管理办公室，共安排了 108 名城市管理执法人员和社会辅助力量，参加外滩风景区中班时段的管理工作（中班日常工作时间为 14 时 15 分至 22 时 15 分，当日安排工作时间为 14 时 15 分至次日凌晨 1 时）。12 月 31 日当晚，黄浦区政府未严格落实 24 小时专人值班和领导带班制度。

事发当晚 20 时起，外滩风景区人员进多出少，大量市民游客涌向外滩观景平台，呈现人员逐步聚集态势。事后，根据上海市通信管理局、上海市公安局、地铁运营企业（即申通集团）等部门单位提供的数据综合分析，事发当晚外滩风景区的人员流量，20 时至 21 时约 12 万人，21 时至 22 时约 16 万人，22 时至 23 时约 24 万人，23 时至事件发生时约 31 万人。

20 时 12 分，上海市公安局指挥中心要求黄浦公安分局指挥中心整点上报外滩风景区和南京路步行街人员流量情况。20 时 20 分，黄浦公安分局指挥中心上报，外滩风景区观景平台人员流量约5成（民警凭经验对人员密集程度的判断），南京路（河南路至中山东一路）人员流量约5—6成。20时27分，上海市公安局指挥中心要求黄浦公安分局指挥中心每半小时上报外滩风景区和南京路步行街人员流量情况。21时14分，黄浦公安分局指挥中心上报陈毅广场人员流量5成，情况正常；21时39分，黄浦公安分局指挥中心指挥员孙成致电外滩分指挥部蔡立新，询问外滩风景区和南京路步行街人员流量情况，蔡立新回复均为6—7成，但电台和电话记录未显示上报上海市公安局指挥中心；22时45分，黄浦公安分局上报，外滩风景区观景平台人员流量5—6成。

22时37分，外滩陈毅广场东南角北侧人行通道阶梯处的单向通行警戒带被冲破以后，现场值勤民警竭力维持秩序，仍有大量市民游客逆行涌上观景平台。23时23分至33分，上下人流不断对冲后在阶梯中间形成僵持，继而形成"浪涌"。23时35分，僵持人流向下的压力陡增，造成阶梯底部有人失衡跌倒，继而引发多人摔倒、叠压，致使拥挤踩踏事件发生。

23时35分拥挤踩踏事件发生后，在现场维持秩序的民警试图与市民游客一起将临近的摔倒人员拉出，但因跌倒人员仍被上方的人流挤压，多次尝试均未成功。此后，阶梯处多位市民游客在他人帮助下翻越扶手，阶梯上方人流在民警和热心的市民游客指挥下开始后退，上方人员密度逐步减小，民警和市民游客开始将被拥挤踩踏的人员移至平地进行抢救。许多市民游客自发用身体围成人墙，辟出一条宽约3米的救护通道。现场市民游客中的医生、护士都自发加入了抢救工作，对有生命体征的受伤人员进行紧急抢救。

23时41分22秒起，上海市"120"医疗急救中心陆续接到急救电话。23时49分起，先后有19辆救护车抵达陈毅广场，第一时间开展现场救治和伤员转运。上海市公安局及黄浦公安分局迅速开辟应急通道，调集警用、公交及其他社会车辆，将受伤市民游客就近送至瑞金医院、长征医院、上海市第一人民医院和黄浦区中心医院抢救。同时，迅速组织力量千方百计收集伤亡人员信息，及时联系伤亡人员所在单位和家属。

事件发生后，上海市委、市政府主要领导迅速赶赴现场指挥应急处置工作，并分别赶往医院看望慰问受伤人员和伤亡人员家属。同时，连夜召开紧急会议，决定成立医疗救治、善后处置等专项工作组和联合调查组，各组当即开展工作。

二、案例分析

拥挤踩踏事件并不罕见，无论古今中外，都发生过多起。踩踏事件从未停息过，在人多又没有秩序和有效管理的公共场所，拥挤踩踏事件极易发生。但在上海，这个高度发展、硬件设施配备名列世界前茅又陆续经历过 APEC 会议、世博会等应急管理工作历练大考的现代化大都市，却在跨年夜发生了如此严重拥挤踩踏事件，社会影响极其恶劣。需要基于这起严重的社会安全事件对现代城市治理进行深刻总结反思，并以此理性思考推动城市公共安全治理的再改革，避免类似事件再次发生。

对事发当晚外滩风景区特别是陈毅广场人员聚集的情况，黄浦区政府和相关部门领导思想麻痹，严重缺乏公共安全风险防范意识，对重点公共场所可能存在的大量人员聚集风险未作评估，预防和应对准备严重缺失，事发当晚预警不力、应对措施不当，是这起拥挤踩踏事件发生的主要原因。

（一）对新年倒计时活动变更风险未作评估

大量市民游客认为外滩风景区仍会举办新年倒计时活动，南京路商业街和黄浦江对岸的上海中心、东方明珠等举办的相关活动吸引了部分市民游客专门至此观看。对此，黄浦区政府在新年倒计时活动变更时，未对可能的人员聚集安全风险予以高度重视，没有进行评估，缺乏应有认知，导致判断失误。

（二）新年倒计时活动变更信息宣传严重不到位

新年倒计时活动变更后，主办单位应当提前向社会充分告知活动信息。但是，直至 12 月 30 日，黄浦区旅游局才对外正式发布了新年倒计时活动信息，对"外滩"与"外滩源"的区别没有特别提醒和广泛宣传，信息公告不及时、不到位、不充分。

（三）预防准备严重缺失

黄浦公安分局未按照黄浦区政府常务会议要求，在编制的新年倒计时活动安全保卫工作方案中，仅对外滩源新年倒计时活动进行了安全评估，未对外滩风景区安全风险进行专门评估。黄浦公安分局仅会同黄浦区市政委等有关部门在外滩风景区及南京路沿线布置了 350 名民警、108 名城市管理和辅助人员、100 名武警，安保人员配置严重不足。

（四）对监测人员流量变化情况未及时研判、预警，未发布提示信息

12 月 31 日 20 时至事件发生时，外滩风景区人员流量呈上升趋势。黄浦公安分局指挥中心未严格落实上海市公安局指挥中心每半小时上报

人员流量监测情况的工作要求，也未及时向黄浦区委区政府总值班室报告。黄浦公安分局对各时段人员流量快速递增的变动情况未及时采取有效措施，未报请黄浦区政府发布预警，控制事态发展。对上海市公安局多次提醒的形势研判要求，未作响应。

（五）应对处置不当

针对事发当晚持续增加的人员流量，在现场现有警力配备明显不足的情况下，黄浦公安分局只对警力部署作了部分调整，没有采取其他有效措施，一直未向黄浦区政府和上海市公安局报告，未向上海市公安局提出增援需求，也未落实上海市公安局相关指令，处置措施不当。上海市公安局对黄浦公安分局处置措施不当指导监督不到位。黄浦区政府未及时向市政府报送事件信息。

值得指出的是，在总结教训的同时，此次事件中的一些经验也值得探讨。

一是现场部分群众自救互救意识良好。在事件中部分群众拥有较好的应急意识和知识技能：在事件发生之后，出现了"后退哥"一词，这个词代表了一群在外滩踩踏事件发生之时努力帮助他人的90后男孩们。当踩踏事件发生时，一开始有几名年轻人站在高出的观景平台向还在从陈毅广场涌上观景平台的人大喊"往后退"，慢慢地在他们的带动之下，越来越多的人开始加入呼喊的队伍；与此同时，在观景平台梯级下方的部分群众也自发手拉手形成人墙，努力用自己的身躯挡住后面冲上来的人浪，为在梯级上已经跌倒的人筑起一道生命的屏障。这几个年轻人采用的自救方法就是一种在人群中传播信息进行自救互救的简易方法——人体麦克法。

二是医院抢救力量及时且充足。在此次踩踏事件发生后，上海调动全市优质医疗资源全力以赴救治伤员，医院的救助力量是充足的，医院作出的反应也是及时的。医院在接到通知之后，急诊室立即进入备战状态，一些临时通知加班的医生在第一时间迅速赶往现场。事故中，伤者都被送往了就近的4家上海三甲医院，确保有优秀的医疗队伍和医疗设备提供高水平的专业急救。医院在专家会诊评估的基础上，按照"一人一方案、一人一专家"逐一明确医疗方案，尽一切可能挽救生命；同时对出院伤员进行随访，组织专业人员对伤者和伤亡人员家属进行心理疏导等。

三是事发后信息公开，透明度高。信息是否透明化一直是突发事件发生之后外界所关注的问题。此次踩踏事件发生后，仅仅不到一小时，官方微博就已经报道了相关的信息；不到三小时官方微博就已经确定了踩踏事件的发生，四个半小时就已经统计出死伤者人数并进行了第一次信息发布；官方对外滩踩踏事故是"抛洒美金"引发的传言也及时进行了辟谣。在1月2日中午，部分已经查明身份的遇难者的信息公布。事件发生后，事件的调查信息和死伤者的信息不断动态更新，确保了外界能够及时获取，避免了谣言的滋生、散播和人心的不稳。

四是家属抚慰工作及时、细致。悲剧发生在跨年夜，很多伤亡者都是年轻人，这对伤亡者的家属心理影响巨大。事发后，上海市对伤亡家属的安抚工作做得较为细致。主要分为两部分：首先是启动了心理援助工作，上海市精神卫生中心组成了8个人的专家组，并召集了6家区县的精神卫生中心，近40位人员组成了应急后备队伍。分别对不同的伤者进行了心理干预和疏导工作，还组织了社工和志愿者对家属进行安抚工作，平定伤者及家属的心情；其次是对死者家属的赔偿金准备，上海市黄浦区政府会同有关社会组织共同研究制定了遇难人员家属救助方案，确定此次事件遇难人员家属的救助抚慰金为人民币80万元。其中50万元为政府救助抚慰金，30万元为社会帮扶金。

五是事后调查追责迅速。事件发生后，事件的调查和追责工作迅速启动，事发不到一周时间，上海市层面已召集了多次安全会议，对此次事件进行深刻反思并做出重要指示，要求全力追查事件真相，进一步部署全市的安全工作。在 1 月 21 日，一份比较详尽的事件调查报告已经公布，认定这是"一起对群众性活动预防准备不足、现场管理不力、应对处置不当而引发的拥挤踩踏并造成重大伤亡和严重后果的公共安全责任事件"，初步厘清责任，认定黄浦区政府和相关部门对这起事件负有不可推卸的责任，据此给出处理意见。

三、启示借鉴

结合上述分析，该事件告诫我们，各级政府和领导干部必须时刻把人民群众生命财产安全放在第一位，不能有丝毫侥幸，不能有丝毫疏忽，不能有丝毫懈怠，必须以对党和人民极端负责的精神，不遗余力、竭尽全力、殚精竭力，切实保护好人民群众生命财产安全，切实维护好城市运行安全，切实履行好党和人民赋予的神圣使命。

一是制定切实可行的大型群众性活动应急预案。一套切实可行的大型群众性活动应急预案能确保在突发事件发生前的应急准备和监测预警工作有章可依，能够在危险因素开始累积时就提高警惕，及时采取相应防御措施，当危险因素累积近事件爆发临界值时，及时采取有效的遏制措施，阻断危险因素，同时也能够保证在踩踏事件发生时能够有应急处置的基本措施依照，尽快制定出台大型群众性活动应急预案及其他系统的安全管理实施办法，加强对公共场所群众自发聚集活动的有效管理，填补无组织群众活动管理的空白，是预防和处置踩踏等突发事件的当务之急。

二是做好人流量监测预警工作。群体性踩踏事件的发生基础是人群密度过大，因此要防止踩踏事件就应先从控制人流着手，做好现场人流量的监测和通往该地段车辆及人流的监测，超出现场安全容量时，应及时采取措施，进行限流、引流工作。要利用监测到的信息数据及时分析，对短时间内的未来进行预测，若现场人流量增加速度开始明显提升并且监测到通往该地的车辆及公交线路上的乘客越来越多时，就应意识到可能会出现人流过于集中的情况，而由此采取预案中相对应的措施。为了有效控制人流量，2014年国庆期间，四川九寨沟景区启用了国内首款利用大数据预测客流的信息系统，该系统可以预测未来三日内前往九寨沟的游客数量，有效防范出现游客滞留情况。这种利用大数据方法控制人流量的思路和办法值得借鉴。

三是及时进行现场限流、引流工作。在人流密集的公共场所，最怕出现的就是人流的正面对冲，因此在人员密集的公共场所，必须做好引流工作，特别是在广场。在特殊的活动时间应对广场的一些出入口进行管控，派警力严格把守，防止有人冲破防线。同时做好明显的指引标注，标注好出入口，以及行走路线，在夜晚更应用照明设施照亮这些标志，保证群众能够看清路线。运用网格管控的方式对人流进行控制，把广场划分成若干区域，每个区域容纳的人数进行分别管控。在封锁线障碍物旁应配备足够的警力防止攀爬或绊倒行人。

四是提高群众应急自救互救意识、能力。在此次踩踏事件中，引人注意的一个亮点是现场群众的自救互救意识。在踩踏事件发生后，有现场呼喊其他群众往后退的"后退哥"，也有群众自发拉起的人墙，虽然最后仍然出现了重大伤亡，但是若没有这些人的有效举动，伤亡或许会更大。提高群众的应急意识，不仅仅是提高群众在突发事件发生之后如何自救互救，同时也要教会群众在没有发生突发事件时判断身边是否可能有风险事件发生，如何能够进行最好的防范。预防踩踏事件基本的方法是提高安全避险意识，避免到人多拥挤的地方。而当置身拥挤的人群在听到警惕声之后应该及时反应，不要慌乱但也不能够采取不相信的态度，应积极配合现场指挥，避免自己或他人受伤。

五是加强部门之间的紧密配合，实现突发事件信息共享。在突发事件中，政府应当加强和其他相关媒体及部门之间的合作，利用媒体报道的优势和其他部门的专业优势，及时对相关信息进行转发，将事件的进展告知微博受众，这不仅能够缓解网络舆情危机，还能够扩大信息传播的广度和深度，减少突发事件中的人员伤亡和财产损失。主动及时发布信息，掌握突发事件信息发布主动权。目前我国正处于深化改革、社会转型的关键时期，国内外矛盾突出和多发，在突发事件发生之后，民众迫切在第一时间想知道有关突发事件的相关信息，作为危机事件应对的主体，政府应当通过多种形式的传播媒介，发挥传统媒体与新媒体的各自优势，在第一时间进行有效的信息传播和疏导，争取抓住信息发布和传播的主动权，并且对突发事件的信息进行官方解读和突发事件议题的议程设置，占据舆论的高峰，积极引导社会舆论，为危机事件的解决创造良好的内外环境。

六是加强舆情预警监测，提高突发事件防范能力。突发事件一般分为潜伏期、爆发期、扩散蔓延期和衰弱消退期四个阶段。一般突发事件在发生之前会有一些征兆和线索可以察觉，因此政府应当遵循信息传播规律和机制，建立全方位的舆情信息监测和预警机制，建立健全"谁主管、谁监测、谁预警、谁发布"的预警监管机制，完善预警标准和应对措施。政府要密切监视网络舆情的波动和网民关注的议题变化，并针对网民关注点及时对相关疑问进行针对性的解答和信息公开。尤其要适时在一些重要场所和人群密集区设立显示屏和高音喇叭等安全提示设施，充分利用广播、新闻媒体、网络平台等发布预警信息和相关提示。正视网络舆论对政府行为的倒逼作用。在突发事件中，政府处于舆论危机一个很重要的原因是发布的信息不能紧贴舆论的要求，因此政府应当密切监视网民评论态度，准确掌握舆情信息诉求，并且根据网民的诉求主动设置议程，及时将事件的真相信息发布出去。

参考文献

1.袁千里：《人群拥挤踩踏事件原因与应急处置探究——上海外滩迎新踩踏

事件的反思》，《中国应急救援》2015 年第 2 期。

2.赵中辛、刘中民：《敬畏生命，远离踩踏——踩踏事件的成因与救援》，《中华灾害救援医学》2015 年第 2 期。

3.慕丽娜：《浅谈群体性踩踏事件的预防与善后处置——上海外滩踩踏事件的反思》，《公安教育》2015 年第 3 期。

4.樊星：《有关上海踩踏事故中复旦女生新闻报道若干问题刍议》，《品牌》2015 年第 3 期。

5.黄胜开：《我国踩踏事故民事责任制度的检讨》，《河北法学》2015 年第 69 期。

6.何涛：《从上海外滩踩踏事件看城市及旅游区人群聚集风险的监控与预警》，《品牌》2015 年第 3 期。

7.王笑男：《从上海踩踏事件分析大学生的应急处置能力》，《中国市场》2015 年第 14 期。

8.《上海外滩拥挤踩踏事件调查报告》，中国网 2015 年 1 月 21 日。

9.葛冬冬：《防控视域下大学生安全教育探究——基于对上海外滩拥挤踩踏事件的思考》，《思想教育研究》2015 年第 4 期。

10.张波：《互联网思维下政府微博的创新之道——"上海发布"的踩踏事件报道分析》，《公共论坛》2015 年第 2 期。

11.高毅伟：《试论纸媒与新媒体平台的有效对接——以"上海外滩踩踏事件"的信息发布为例》，《新闻世界》2015 年第 4 期。

（吴涛　编写）

昆明火车站暴恐事件

一、案例始末

昆明火车站，位于昆明市官渡区，地处贵昆线、成昆线、南昆线、昆玉线、内昆线的交汇处，是云南省、昆明市重要交通门户的特等站，是昆明局唯一的一等客运站。2005年1月1日，昆明站主站房建成投入使用，使原来只有1500人的旅客集结量提高到7000人，每天上下车人数最高可达75000人次。

2013年12月以来，依斯坎达尔·艾海提、吐尔洪·托合尼亚孜、玉山·买买提纠集他人形成恐怖组织，指挥该组织成员为实施暴力恐怖活动在广东、河南、甘肃等地进行暴力恐怖犯罪准备，并共同策划在昆明火车站进行暴力恐怖活动。

2014年2月27日，依斯坎达尔·艾海提、吐尔洪·托合尼亚孜、玉山·买买提因涉嫌偷越国境在云南省红河州沙甸被捕，拒不供述其组织成员将在昆明火车站实施暴力恐怖犯罪。

3月1日晚，因联系不上依斯坎达尔·艾海提等人，阿不都热依木·库尔班、艾合买提·阿比提、帕提古丽·托合提、阿尔米亚·吐尔逊、盲沙尔·沙塔尔即商定即日按原计划在昆明火车站实施暴力恐怖活动，五人遂携带作案工具，租车从沙甸到达昆明火车站。

3月1日晚9时多，有目击者称，在这一时间，两个全身穿着黑色衣服、包着头巾、只露出一双眼睛的人从火车站广场往售票大厅方向走。

3月1日晚9时21分许，五人持刀，从火车站临时候车区开始，经站前广场、第二售票区、售票大厅、小件寄存处等地，打出暴恐旗帜，肆意砍杀无辜群众，致31人死亡，141人受伤，其中40人是重伤。因抗拒抓捕，帕提古丽·托合提被民警开枪击伤并抓获，其余四人被当场击毙。

3月1日晚23时，昆明火车站前几个十字路口已经戒严，警方已将火车站前的北京路近一公里封锁，许多警察持枪站岗，并严格排查出入人员。

3月1日晚23时24分，昆明市北京路与环城南路等路口均已实行交通管制，禁止社会车辆向火车站方向行驶，可以看到警察持盾牌在街头巡逻，装甲车在路上行驶。

3月2日凌晨0点46分，据新华社英文版报道，截至零时，昆明火车站暴徒砍杀路人事件已致27人遇难，另有109人受伤。

3月2日凌晨1时许，新华社"中国网事"发布微博称，记者在昆明市第一人民医院看到，医院大厅和急救室有大量伤者，据急诊登记统计，截至3月1日24时许，已收治死伤者60余名，伤员中包括多名民警，一名民警头部严重受伤，正在接受急救。

3月2日凌晨1时48分，@云南信息报发布微博，云南省副省长高峰在昆明市第一人民医院医务处召开紧急会议时确认，全市医院共收治伤员162人，目前135人仍在急救中，死亡27人。

3月2日凌晨3时，新华社发布消息称，习近平就昆明火车站暴力恐怖案作出指示，要求全力侦破案件，依法从严惩处暴恐分子，精心做好受伤和遇难群众的救治和善后工作。李克强要求各地公安机关加强治安防控措施，做好人群密集的公共场所的防范工作。

3月2日凌晨4时，据云南网消息，昆明火车站当晚各车次均已发出，火车站秩序基本恢复正常。

3月2日凌晨5时30分，中央政治局委员、中央政法委书记孟建柱带领公安部15名侦查、法医、DNA专家抵达昆明。公安部部长郭声琨也于3月2日5时赶到昆明参与处置工作。

3月2日清晨6点，截至这一时间，已有29人死亡、130余人受伤。民警当场击毙4名暴徒、抓获1人。5名犯罪嫌疑人是3男2女，1名女性犯罪嫌疑人被打伤并成功抓获，已送至医院紧急救治，这名女性犯罪嫌疑人成为侦破案件的关键线索。

3月2日上午9时，据新华社消息，记者从昆明市政府新闻办获悉，昆明"3·01"事件事发现场证据表明，这是一起由新疆分裂势力一手策划组织的严重暴力恐怖事件。

3月2日上午9时2分，联合国官方微博刊载秘书长潘基文发表的声明，潘基文称，以最强烈的言辞谴责发生在云南昆明火车站的令人震惊的袭击平民事件。潘基文向死难者的家属表示慰问，并祝愿伤者早日康复。潘基文指出，没有任何理由可以为杀害无辜平民的行径开脱，事件的肇事者应当被绳之以法。

3月2日上午，国家卫生计生委继续从9所委属管医院和北京市属医院调派18名重症医学、颌面外科、骨科、神经外科、心理危机干预专家赶赴昆明。目前，已累计从北京、上海、成都、广州、武汉等地12所医院抽调27名医疗专家支援云南。3月2日凌晨，国家卫生计生委副主任徐科前往收治重症伤员较多的昆明市第一人民医院看望伤员。第一批派出的9名国家级专家抵达昆明后，会同省、市医疗专家组成联合专家组，对伤员开展检伤分类、伤情评估和急诊手术。

3月2日下午2时，受伤人数增至143人，遇难者仍为29人。此外据央视报道，2名车站保安员殉职，7名公安民警受伤。记者获悉伤者中有一名铁路公安处民警，现正在急救。此外，歹徒被现场击毙4人，1名受伤后被捕。

　　3月2日下午，昆明铁路局要求局属各单位加强沿线治安防范工作。昆明铁路局昆明站相关负责人2日下午介绍，整个车站除站前东广场临时候车区仍有警戒线外，其余客运场所、设施、岗位已正常运转，乘客乘降顺畅、购取票旅客排队不长、列车接发正常有序，购票、乘车旅客情绪稳定。

　　3月3日，外交部发言人秦刚主持例行记者会时表示，根据中国警方初步公布的有关情况，在昆明"3·01"暴力恐怖袭击现场发现了"东突"恐怖势力旗帜等证据。

　　3月3日晚，据新华社记者从公安部获悉，3月1日晚发生在云南昆明火车站的严重暴力恐怖案，经公安部组织云南、新疆、铁路等公安机关和其他政法力量40余小时的连续奋战，已于3月3日下午成功告破。现已查明，该案是以阿不都热依木·库尔班为首的暴力恐怖团伙所为。该团伙共有8人（6男2女），现场被公安机关击毙4名、击伤抓获1名（女），其余3名已落网。

　　2014年9月12日9时，昆明中级人民法院在第一法庭依法公开审理"3·01暴恐案"涉案4名被告人依斯坎达尔·艾海提、吐尔洪·托合尼亚孜、玉山·买买提犯组织、领导恐怖组织罪、故意杀人罪，被告人帕提古丽·托合提犯参加恐怖组织罪、故意杀人罪一案。

　　昆明中院一审宣判，分别以组织、领导恐怖组织罪、故意杀人罪，数罪并罚判处被告人伊斯坎达尔·艾海提、吐尔洪·托合尼亚孜、玉山·买买提死刑，剥夺政治权利终身；以参加恐怖组织罪、故意杀人罪，数罪并罚判处被告人帕提古丽·托合提无期徒刑，剥夺政治权利终身。

　　昆明中院通告中称，被告人帕提古丽·托合提犯罪情节特别恶劣，罪行极其严重，鉴于其在羁押时已怀孕，属于依法不适用死刑的情形，不应适用死刑。

　　2014年10月31日上午9点，昆明火车站严重暴恐案在云南高级人民法院二审开庭。二审判决维持一审判决，4名被告3人被判死刑、

1 人被判无期徒刑。

二、各方评析

（一）国际

联合国安理会："以最强烈的言辞"谴责发生在中国昆明火车站、造成大量无辜平民死伤的恐怖袭击事件，呼吁将恐怖袭击实施者、组织者、资助者和支持者绳之以法。安理会向"这起非常丑恶的恐怖袭击"的受害者及其家人，以及中国人民和政府表示最深切的同情和慰问。安理会重申将根据《联合国宪章》规定的职责，坚决打击一切形式的恐怖主义。

俄罗斯总统普京就昆明暴恐事件致众多人死亡，向中国国家主席习近平致电慰问。国家元首坚决谴责了这种惨无人道的罪行并表示愿意今后在反恐上与中国进行全面合作。普京在慰问电中向遇难者家属和亲友转达了深切的同情。

联合国秘书长潘基文：最强烈谴责这起针对平民的恐怖袭击，强调没有任何借口滥杀无辜平民，犯罪分子应被绳之以法。向死难者家属表示慰问，祝愿伤者早日康复。

法国外交部：对这起造成众多人员伤亡的流血袭击事件予以强烈谴责，强调任何理由都不能为此类行径辩护。向受害者家属表示慰问，将和中国政府和人民保持团结。

美国驻华使馆和美国国务院：对这起造成重大人员伤亡的严重暴力事件感到震惊。美方谴责这一残忍的暴力行径。向中方表示慰问，对死难者表示哀悼，向受害者及其家属表示同情。

日本驻华使馆和日本外务省：对遇难人员表示哀悼。

多米尼克总理斯凯里特：对遇难人员表示哀悼。

韩国外交部长官尹炳世：对在此次暴力恐怖事件中遇难的无辜市民表示深切哀悼，对遇难者亲属和受伤人员表示慰问，同时对这种针对普通民众的残忍的暴力行为进行严厉谴责。

（二）国内

案件发生后，习近平高度重视，立即作出重要指示，要求政法机关迅速组织力量全力侦破案件，依法从严惩处暴恐分子，坚决将其嚣张气焰打下去。要精心做好受伤和遇难群众的救治、善后工作。要深刻认识反恐形势的严峻性、复杂性，强化底线思维，以坚决态度、有力措施，严厉打击各种暴力恐怖犯罪活动，全力维护社会稳定，保障人民群众生命财产安全。并指派中共中央政治局委员、中央政法委书记孟建柱，国务委员、公安部部长郭声琨和有关部门同志连夜赶赴云南指导处置工作，看望受伤群众和遇难人员亲属。

中共中央政治局常委、国务院总理李克强对处置工作作出批示，要求抓紧追捕和坚决严惩暴徒，各地公安机关要加强治安防控措施，做好人群密集的公共场所的防范工作。

在2014年3月3日下午全国政协十二届二次会议开幕式、3月5日上午全国人大十二届一次会议开幕式上，与会者一致谴责云南昆明暴力恐怖袭击事件，与会者全体起立，向遇难者默哀一分钟。

2014年3月5日，中国红十字会总会对外发布《防范恐怖袭击与自救互救指南》。该指南从恐怖袭击事件的预防、应对和现场急救三方面给予公众指导和建议。这是中国红十字会首次编印针对恐怖袭击事件的自救互救指南。

2014年3月7日，昆明"3·01"暴恐事件中29名遇难者的"头七"，社会各界人士自发到昆明火车站广场祭奠遇难者。

（三）媒体

　　昆明暴恐事件发生在 3 月 1 日 21 时 20 分，22 时 33 分，中国广播网率先发布消息。3 月 2 日上午，昆明市政府新闻办认定，这是一起由新疆分裂势力一手策划组织的严重暴力恐怖事件。2 日，《人民日报》头版头条即刊出习近平总书记等中央领导同志的重要指示消息，同时配发评论员文章《严惩暴恐犯罪，保障人民安全》，明确表达依法严惩暴恐分子的坚定态度。这一"急就章"充分体现了《人民日报》快速反应机制的效力。史安斌教授认为："较之半年前的'10·28'事件的反应迟缓和定性暧昧，昆明'3·01'事件发生后官方主流媒体及时发声，以'暴力恐怖事件'明确定性，赢得国际主流社会广泛同情，防止外媒使用'绝望阶层的呐喊'之类的议程设置来误导舆论，这是争夺国际舆论话语权上的进步。"

　　3 月 3 日，暴力恐怖案成功告破。《人民日报》打破常规，在报眼位置发表《国际社会强烈谴责云南昆明"3·01"严重暴力恐怖事件》的综合消息，第一时间报道了俄罗斯总统普京、联合国秘书长潘基文以及一些国家支持我反恐的表态。外交部发言人秦刚在例行记者会上表示："暴恐分子是全人类共同敌人。"人民网"求真"栏目和 360 新闻联合推出"盘点昆明暴力恐怖事件的八大谣言"。政府根据网络传播的特点和热点，全面介绍最真实的信息，及时回复了公众关心的话题，避免了因传播不实信息造成受众不必要的恐慌。除了报道暴力恐怖事件外，人民网等媒体也开辟专栏，传授在遭遇暴力恐怖事件时的逃生技巧和自救互救知识。

　　针对美国有线电视新闻网（CNN）、英国路透社等西方媒体采取双重标准，在标题和文章中将"恐怖""恐怖分子"等字眼加上引号，或极力避免使用"恐怖袭击"的丑行，人民日报微博以《对昆明暴力恐怖事件，美国媒体这样说》为题，编发温宪的文章《十足的虚伪与恐怖》，并以最大力度多次转发，得到网友的多次反馈，累计转评 3 万余次。通过质问反驳，鲜明地表达了中国立场，发挥了党报微博在网上舆论引导中的重要作用。文章不仅在俄罗斯等国家引起共鸣，也受到英国《金融时报》等西方媒体的关注，形成了于我有利的国际舆论。

3 月 4 日，《人民日报》发表原驻新疆记者王慧敏的评论《像石榴籽那样紧抱在一起》，在国内外引起强烈反响。文章引用作者的新疆朋友、网友的真情表态，说明必须把暴恐分子与广大新疆维吾尔族群众分开，说明"天山青松根连根，各族人民心连着心，团结进步是我们共同的愿望"。

严惩暴恐犯罪，保障人民安全

（《人民日报》2014 年 3 月 2 日，人民日报评论员）

3 月 1 日，正当全国人民喜迎"两会"、为全面深化改革凝心聚力之际，云南省昆明火车站发生一起严重暴力恐怖案件。十余名蒙面歹徒手持利刃，砍杀无辜群众，截至 2 日 1 时，已经造成 28 人遇难，113 人受伤。这一丧心病狂的暴行，是赤裸裸的暴力恐怖犯罪，极大地危害了人民群众的生命安全，造成了严重的社会后果。习近平总书记在第一时间作出重要指示，要求全力救治受伤群众，依法严惩暴恐分子。

残忍的手段，血腥的暴行，令人发指的恐怖犯罪，让无辜生命骤然消逝，使数十个家庭坠入深渊，造成永难弥合的心灵创伤。暴恐分子所挑战的，是人类社会共同的秩序、人类文明共同的底线。其疯狂残暴的行径，是任何一个国家和社会都决不能容忍的。"迅速组织力量全力侦破案件，依法从严惩处暴恐分子，坚决将其嚣张气焰打下去"，"精心做好受伤和遇难群众的救治、善后工作"，习近平总书记的重要指示，表达了党和政府坚决维护法律尊严、坚决维护人民安全的鲜明态度和坚决惩治暴力恐怖犯罪、坚决维护社会稳定的坚强决心。

文明底线不容挑战，法律尊严不容亵渎。暴力恐怖犯罪漠视基本人权，践踏人类道义，手段残忍，危害极大，对这样的暴力恐怖犯罪活动决不能手软，要坚决打击、严厉制裁。血腥暴行也警示我们，必须深刻认识反恐形势的严峻性复杂性，强化底线思维，以坚决的态度、有力的措施，出现一起，就打掉一起；露头就打，严打狠打。无论是谁，只要是触犯了法律，只要危害人民群众生命财产安全，都要坚决依法处理。对于那些胆敢以身试法、搞暴力恐怖活动的犯罪分子，要依法从严惩治，绝不姑息，绝不手软！只有这样，才能减少人民群众的生命财产损失，有力维护社会稳定、捍卫法律尊严。

暴力恐怖，法无可赦；伤害无辜，天理难容。无辜群众的鲜血，染红了平和安宁的春城，更激起全国人民的强烈愤慨。"我们与春城昆明在一起！""愿逝者安息，伤者平安"……互联网上，人们共同谴责暴力，呼吁严惩凶手；案件现场，无数普通人积极协助警方制服歹徒，抢救受伤群众。警民携手构筑起打击暴力犯罪、捍卫社会安宁的铜墙铁壁。这一切充分说明，打击暴力犯罪，13亿人同仇敌忾；维护团结稳定，是大势所趋人心所向。

当前，全面深化改革正处在关键时期，改革发展任务艰巨，乘势而上前景可期，人民群众渴盼在和谐稳定的环境里，创造更好的生活、更美的未来。暴恐分子针对平民制造血腥与恐怖，正如群众所言"唤醒了人们心中的正义与力量"，坚定了人们捍卫社会稳定的信念；党和政府打击暴力恐怖行为的坚强决心，更增强了人们维护和谐安宁的信心。迅速行动起来，以雷霆手段和有力措施，严厉打击暴力恐怖犯罪，我们就一定能为全面深化改革营造良好社会环境，为人民的幸福安宁编织起牢不可破的安全之网。

昆明暴恐案与金水桥事件一脉相承

（《人民日报海外版》2014年3月3日）

无论从性质上还是形式上，这起事件都与去年10月28日的吉普车撞击金水桥事件一脉相承，是新疆分裂势力经过严密策划、有组织、有预谋的暴力恐怖袭击事件。手持刀具，统一着装，说明此事已经蓄谋已久。见人就砍，不分男女，足见施暴者绝无人性可言。选择在"两会"召开前夕施暴，政治目的不言自彰。在人流密集信息扩散迅速的火车站做案，要的就是急剧传递的恐怖效果和强烈的社会震撼。暴恐分子的目的，就是在重要的时间节点和令人瞩目的地点，制造吸引人眼球的轰动事件，损害中国的国际形象，破坏国家繁荣昌盛、民族团结稳定、人民安居乐业的大好局面。痛定思痛，一系列的暴恐事件也警示，中国当前面临的反恐形势更加严峻更加复杂。新疆分裂势力所传播和散布的宗教极端主义思想，正在蚕食和毒害着新疆社会和一部分少数民族群众，为其不可告人的目的盲目送命。暴恐分子所挑战的，是人类文明共同的底线。对其疯狂残暴的行径，任何一个国家和社会都决不会容忍。犯下滔天罪行的新疆分裂势力，最终要受到历史的审判，被钉在历史的耻辱柱上。

西方媒体对昆明暴恐案别有用心地挑拨离间

（《人民日报》2014年3月3日，作者：温宪）

3月1日晚，10余名统一着装的暴徒蒙面持刀在云南昆明火车站广场、售票厅等处砍杀无辜群众，造成29人死亡、100多人受伤。这起暴力恐怖事件突显了犯罪者反人类、反文明、反社会的残暴本质，他们是不折不扣的恐怖分子。

但是，包括美国有线电视新闻网（CNN）、美联社、《纽约时报》、《华盛顿邮报》在内的一些西方媒体的报道阴阳怪气、逻辑混乱，甚至别有用心地挑拨离间。这些媒体一向在反恐问题上叫得最响，但在昆明火车站暴力恐怖事件上的群体性失明与乱语令人气愤。

大量事实充分证明，这一丧心病狂的暴行，是赤裸裸的暴力恐怖犯罪。但一些西方媒体在报道中不愿使用"恐怖分子"一词，并不顾事实真相，混淆黑白。CNN在相关报道中将恐怖分子打上引号，并居心巨测地称此类持刀袭击并非第一次，2010年和2012年也在校园发生过，但并无"政治联系"。美联社在相关报道中加上"官方所称的恐怖分子"

这一前缀，《纽约时报》、《华盛顿邮报》等将恐怖分子称为"攻击者"。在讲述事件来龙去脉时，CNN、《纽约时报》、《华盛顿邮报》等无视新疆取得的巨大社会进步，毫不掩饰地挑拨中国民族关系。更有甚者，美联社在选择性引用某受访者的话时，竟声称"应让维吾尔人独立"。

在如此一清二楚的事实面前，这些媒体的表现已经不仅仅是虚伪，而是在偏见的驱使下全然露出一副冷酷嘴脸。你们不是说"人权"吗？你们看到那些倒在血泊中的无辜生命了吗？你们的文字中体现出了哪怕一点点对受害者人权的关心吗？如果这样的事情发生在美国，哪怕死亡人数少得多，你们又将会怎样评判事件性质，你们会如此吝啬使用"恐怖分子"一词吗？

偏见早已成为美国某些人观察中国新疆问题的痼疾。令人记忆犹新的是，就在不久前，美国政府不顾中国反对，将关押在关塔那摩基地军事拘留中心的最后3名中国维吾尔族囚犯移交给了斯洛伐克。这些嫌犯是联合国安理会认定的恐怖组织"东突厥斯坦伊斯兰运动"成员，是地地道道的恐怖分子。而美国的逻辑是，只要这些人不祸害美国，他们就不是美国眼中的"恐怖分子"。长期以来，美国政府一直不愿称疆独分子制造的种种血腥暴力事件为"恐怖主义事件"，转而指责中国的所作所为。美国政府对疆独分子的这一纵容态度无疑助长了其嚣张气焰。在昆明火车站发生的惨剧背后，美国媒体和政府难道不应该做更为深刻的反省吗？！

在恐怖主义及恐怖分子问题上，美国及一些西方媒体所奉行的双重标准实则损人不利己。搬起石头害人，说不定哪天石头掉下来会砸在自己脚上。

像石榴籽那样紧抱在一起

（《人民日报》2014年3月4日，作者：王慧敏）

29个无辜平民在昆明被砍杀，二十多个家庭永失所爱！暴恐分子制造的践踏人类道义的又一暴行，激起了全国人民的义愤。

　　"不管你以谁的名义，当你把屠刀对准无辜者，你就是人民公敌""为遇难者祈祷，愿逝者安息，伤者平安""昆明不哭，我们与你在一起"……连日来，互联网上，微博微信上，人们用各种方式，表达对暴恐分子的强烈谴责，对无辜受害者的深切悼念。

　　我们在谴责暴恐分子的同时，也要把这些人和广大的新疆维吾尔族群众区分开。因为，绝大多数新疆人民和我们一样，渴望民族团结，渴望稳定安宁。

　　笔者曾在新疆工作过，这两天，许多新疆的朋友给我打来电话或发来短信，表达了对暴恐分子的痛恨和维护团结的强烈愿望。

　　乌鲁木齐一位朋友说："请你转告身边的汉族朋友，千万不要把恐怖分子与广大的新疆人民混淆。新疆人民是友好和善的。分裂势力是我们共同的敌人。"

　　一位长期在喀什工作的维吾尔族干部也在微信群里发出呼吁："亲爱的内地朋友，分裂分子制造的杀戮，天人共愤。打击暴力恐怖，绝不能手软。昆明火车站事件，让我们心痛，让我们愤恨。新疆各族人民同样勤劳善良、热爱生活，我们要像石榴籽那样紧抱在一起。"

　　多么真挚的语言啊！这些发自肺腑的话语告诉我们：暴力恐怖犯罪，不是民族问题，不是宗教问题，而是一小撮丧心病狂的暴恐分子与人道相悖、与人类为敌的罪恶行径。天山青松根连根，各族人民心连着心，团结进步是我们共同的愿望。

　　昆明"3·01"暴力恐怖案件发生后，包括新疆各族人民在内的全国人民无不心系昆明，无数群众自发前往采血点，积极参与献血，传递爱心。国际社会以各种方式表达对这起暴恐事件的强烈愤慨与谴责，向中国政府和中国人民表示诚挚慰问。这充分说明，暴力恐怖犯罪是各族人民共同的敌人，是人类文明共同的敌人。

　　3月3日下午，庄严的人民大会堂里，参加全国政协十二届二次会议开幕式的2000多名委员集体起立，向昆明"3·01"遇害无辜民众默哀。这是对逝者的悼念，也是全国人民团结一心，向暴力恐怖分子的无声宣战。

互联网上，一位新疆青年的倡议被反复转发："此时此刻更需要我们新疆各族青年手拉手、肩并肩，坚决不上暴恐分子制造民族仇恨的当，团结起来强烈谴责他们的罪恶行径，坚决支持依法严惩一切暴恐活动，维护社会稳定、民族团结"。

"像石榴籽那样紧抱在一起"，这是全国各族人民的共同心声！

三、启示借鉴

昆明暴恐案损伤惨重，影响巨大，回顾事件本身，有一系列值得反思之处。

（一）加强监控和预测能力

米特罗夫和皮尔森在危机管理的五阶段模式里将信号侦测阶段以及准备和预防阶段归纳为第一个和第二个阶段。由此可以看出监控和预测能力的高低是反应非常规突发事件能不能得到很好解决的重要前提和基础。一个良好完备的应急管理体系应当把监控和预测能力放在首要的位置。昆明暴恐事件中暴露出中国应急管理机制在监控预测这一环节中存在巨大的漏洞。昆明暴力恐怖袭击事件作为非常规突发事件，2011年、2012年和2013年发生的暴力恐怖事件主要是在新疆地区发生的，而昆明火车站是近几年"东突"分裂势力首次选中在西南边陲地区进行暴力恐怖活动的地点。目标难以明确给非常规突发事件的预测加大了难度。这主要体现在两个方面：第一是事件发生的主体目标难以明确，由于近些年暴力恐怖袭击事件越来越呈现独狼式的个体活动，加大了目标预测的难度；第二则是事件发生的客体目标难以确定。事件发生的客体难以

确定也就是暴恐分子针对的目标以及发生的地点确定的难度大。昆明是
"东突"分裂势力首次在新疆之外选中的发动大规模暴力恐怖活动的目
标。因此在发生时,昆明的警民戒备都比较松散。

(二)健全反恐应急机制

在什么情况下定性为恐怖活动,以及时有效地遏制住恐怖分子的施
暴行为?如何快速应对以尽可能地减少人民的生命财产安全是摆在公共
危机决策者面前的一道重要难题。应急反应的快慢直接决定了暴恐事件
处理的好坏,而一个相对完备的反恐应急机制,充分考虑到各种可能的
非常规突发情况,使得应对恐怖事件时反应更加快速,应急管理效率相
对较高。在昆明暴恐事件中,火车站的安全保卫工作存在漏洞,事件发
生前没有发现可疑分子,在事件发生后也并没有及时地启动应急预案,
给了暴徒施暴的机会和时间。暴恐袭击发生后,歹徒们从车站售票大厅
一直砍杀到广场临时售票处,距离300多米,历时20多分钟,这期间报
警的肯定不会少。然而,当地警方出警和控制现场显然不够迅速。在制
止这次暴恐袭击中,我们的警察和保安人员都表现得很勇敢,有的献出
了宝贵生命。然而,先期与歹徒搏斗的警察和保安人员,却并没有佩带
应有的武器和警具,只能用警棍、木棒甚至赤手空拳来对付歹徒,结果
造成本可避免或减少的流血牺牲。有些警察的手被砍断,有些保安人员
用警棍反击歹徒招致对方乱刀砍死,甚至有派出所副所长竟没有携带枪
支,虽然表现很英勇,大喊"你们过来砍我",但手中却只有一柄防暴叉。

(三)完善信息公开制度

面对谣言,最好的辟谣方式无疑是信息的公开和透明。当昆明暴力

恐怖袭击事件发生后，社会上的一些充斥着不满情绪和缺乏社会责任感的人为了造成社会恐慌，企图引发更大的社会动乱以至于影响社会稳定，会加以利用已发生的暴力恐怖袭击事件编造并扩散谣言。面对这些别有用心的造谣者，只有实现信息的公开透明，运用好官方媒体的权威性和实效性，将非常规突发性事件的真实情况和资料数据，发展动向和危害程度等披露给公众。另一方面政府有关部门也应积极配合媒体创造良好的开放性的舆论环境，及时查明信息的真实性和准确性，有效地引导舆情。健全的法律法规是完善信息公开制度的保障。应进一步完善信息公开的法律法规，对故意隐瞒信息和造谣不实信息等行为施以一定的惩处，这样才能够减轻公众的恐慌，维护社会秩序的稳定。

（四）强化国家和地区间协调与沟通机制

在通讯、交通日益现代化的今天，非常规突发性事件往往具有多元化的发展趋势，即不仅仅局限在一个地区发生，还可以在多个地区同时发生。公共问题的多元化和复杂化要求地区间具有良好的协调机制与沟通机制。良好的沟通与协调机制反映在地区上首先表现在国内各省、市、县之间。从 2013 年北京天安门发生金水桥撞车事件到 2014 年的昆明火车站暴力恐怖袭击事件，这两起在新疆省外发生的暴力恐怖袭击事件的主谋都是新疆分裂势力阴谋策划组织的，这说明了恐怖活动的势头正由新疆扩至国内其他省市的趋势。昆明暴恐事件中的暴恐分子流窜于多个省市间，如在广州、珠海、南阳、兰州、景洪、个旧等多个省市间，进行推选头目、训练体能、购买刀具等活动，逐渐形成了以依斯坎达尔·艾海提为首，以实施暴力恐怖活动为目的的恐怖组织。暴恐分子是如何躲过了重重严密的安检流窜于各个省市间？因此各地区之间要注重协调沟通，发现可疑行为时配合采取行动，做好预警与情报工作，尽可能地将事件遏制在萌芽状态。其次，地区间的良好沟通机制还体现在国内与国外的关系上。他们还利用境外恐怖分子进行暴力恐怖袭击的音频来宣扬宗教极端思想。这些非法音频是如何从国外流通到国内？怎样在边防线漫长且形势复杂的内陆边境地区截断分裂势力恐怖组织的潜逃通道并进一步控制"东突"分子的非法暴力恐怖活动？这些都需要中国政府与周边地区与国家的协同与合作。所以，中央应对境外的敌对分裂势力时有必要进行多国协同，联合打击。

（五）提高公民反恐能力

通常中国政府在面对重大公共突发事件时，什么都要做，什么都要管，发挥"举国体制"的优势，而这种体制的长期存在无疑在一定程度上会淡化公众的自身防范风险、自救互救的意识，这种在应急管理中的家长作风导致公众对政府存在一种高度的惯性依赖心理，当灾难突降，这种依赖心理更是无以复加。这种依赖心理在面对暴力恐怖事件来临时表现得尤为明显。公民的反恐能力弱体现在民众缺乏应急管理的知识和能力。这也是昆明暴恐袭击事件中引起严重伤亡的直接因素。不少民众缺乏对危险的准确判断，在危险降临时手足无措，无法采取任何保护措施将伤害减轻到最低程度。社会整体危机应对能力的形成尤其离不开公民应对非常规突发性情况下良好的的行为规范和心理素质。因此提升公民的风险意识，提高公民的反恐能力在暴力恐怖事件频发的今天，是刻不容缓的事情。

参考文献

1. 罗伯特·希斯：《危机管理》，中信出版社 2001 年版。
2.《近年来新疆分裂势力制造的暴恐事件不完全汇总》，新华网，2014 年 3

月2日。

3. 薛澜、刘冰:《应急管理体系新挑战及其顶层设计》,《国家行政学院学报》
2013年第1期。

4. 张译丹、陆宁:《对非常规突发事件的思考——以昆明暴恐事件为例》,
《经济研究导刊》2014年第33期。

（黄颖　编写）

山东平度纵火案

党的十八大提出了推进"新型城镇化"战略以及建设生态文明、美丽中国，实现中国梦的伟大构想。但是在现代化与城市化推进的过程中，需要建设大量的公共基础设施和能源企业来满足新型城镇化的快速发展。因此，处理好征地拆迁、城镇化发展与社会稳定的关系是摆在全国各地领导面前的现实问题，2014年3月发生在山东平度的纵火案就是因征地拆迁引发的一个典型案例。

一、案例始末

（一）事件简介

因对开发商征地手续有异议，没有拿到征地补偿，山东省平度市杜家疃村村民在已被圈占的被征地施工入口搭起帐篷，阻止施工。2014年3月21日凌晨，一把大火把山东平度市杜家疃村农田里的一处帐篷烧毁，事件造成4名守地村民1死3伤，死者是63岁的村民耿福林。

公安机关查明，这场火灾有纵火嫌疑。2014 年 3 月 25 日，"3·21"纵火案告破，4 名施暴者受王月福及杜家疃村村委会主任杜群山和工地承建商崔连国指使，实施了纵火暴行。7 名犯罪嫌疑人已被刑事拘留。2014 年 3 月 27 日，山东平度征地利益链，1 亿出让款仅给村民 2 千万。2014 年 4 月 3 日，平度市人民检察院以涉嫌放火罪，依法批准逮捕平度"3·21"纵火案的 7 名犯罪嫌疑人。2015 年 3 月 19 日，山东平度"3·21"征地纵火案在青岛市中院普东第八审判庭公开宣判。

（二）事件过程

据现场群众反映，杜家疃村自 2013 年以来就存在因征地引起的矛盾。多位村民怀疑有人纵火。杜家疃村老文书李永茂现场拨通值守者杜永军的手机，杜永军口述事情经过：当时 4 人在棚子里，棚子门外突然起火，很快冲入棚内。4 人赶紧往外跑，耿福林奔跑过程中磕倒。至于起火原因是失火还是有人纵火，杜永军不能确认。起火晚 9 时多，提起凌晨时的大火，67 岁的李德连心有余悸。李德连回忆，21 日晚村民散去后，他们 4 人很快就入睡了。耿福林和李崇楠睡在帐篷的北侧，杜永军睡在南侧，自己睡在西侧，帐篷的出口是东侧。四张床是从各自家里搬来的，李崇楠的是铁床，耿福林和杜永军是竹床，李德连的是个上下铺的铁架子床，他睡在下铺，"正是这个上下铺的床救了我的命。""当时正是睡得最沉的时候，我一睁眼，整个帐篷就成了火团，帆布烧化后带着火苗的油落在脸上。"李德连说。

上铺的木板挡住了落下来的火苗，让李德连获得了逃生时间。一些着火的油脂滴落在他的衣服、脸部和背部，他用手拍打衣服，试图把火扑灭，滚烫的油脂又灼伤了手，混乱中，他从东侧门口跑出来。临逃生前，他看到，帐篷顶滴落的油脂把耿福林包了起来。紧接着，浑身裹着火苗的李崇楠和杜永军连滚带爬地从帐篷里奔出来，摔倒在地上一动不动，而67岁的李德连看到，整个帐篷四周和顶部被大火包裹得严严实实，没有一丝缝隙，"火如果从帐篷一角着起来，人肯定有机会跑出来。"李德连说，他跑到附近一处工地，让门卫打了119报警，自己赤着脚跑到近一公里外的村子，大约2时多，他砸村民李冒（化名）的大门，让李冒鸣锣，叫醒村民。李冒说，敲锣的同时，他还拨打了110，时间是凌晨2时14分。李崇楠的弟弟称，他发现了一个疑似爆炸物，有鸡蛋那么大，但被消防（部门）的人带走了。此外，村民们还在现场发现了破碎的玻璃瓶，据几个值守村民称，"碎瓶子"是值守当晚帐篷内部和周边都没有的。

警车和消防车随后到达现场。值守者李德连的侄子李作明说，消防车到时，帐篷已经烧完，为保护现场，村民们阻止消防车喷水。有村民看见，还在火场的耿福林面朝下趴在棚子门口处的一片炭黑中。有村民说，他手里还攥着一根铁棍。李德连告诉记者，他和另外两人被救护车拉到了平度市人民医院，后李崇楠、杜永军因伤势严重，被转往潍坊市人民医院救治。经检查，李德连双耳下部烧伤，但其一度被转到平度市人民医院重症监护室，病房外守着乡政府干部，家属被禁止见面。

2014年3月22日2时55分，约200名防暴警察（村民目测）持盾牌赶到21日1点多起火的帐篷现场，将平度凤台街道办杜家疃村村民耿福林的遗体抢走。

（三）事件处理

案件发生后，各级领导高度重视，迅速调集精干力量展开侦查工作。在当地公安机关的共同努力下，经过4昼夜的连续奋战，于2014年3月25日成功侦破此案。查明，2014年3月21日凌晨，李青、李显光、柴培涛、刘长伟4人受王月福指使（均为平度人），窜至现场实施纵火后逃跑。王月福是受崔连国（贵和置业有限公司法人代表，是开元城御景二期工地承建商）和杜群山（杜家疃村村委会主任）的指使实施犯罪。2014 年 3 月 26 日，7 名犯罪嫌疑人已被刑事拘留。

2014 年 8 月 20 日，备受关注的"3·21 平度纵火案"在青岛中院开审。7 名被告人分别为杜家疃村村委会主任杜群山、贵和置业有限公司法人代表兼开元城御景二期工地承建商崔连国、王月福、李青、刘长伟、李显光和柴培涛，这 7 名被告被控放火罪和寻衅滋事罪。杜群山、崔连国对检察院的起诉提出了异议。法庭调查过程中，在案件的起因上多次反复涉及征地问题，以及相关人员是否参与案件等问题。但审判长指出，此次开庭审理的是刑事案件，案件起因不是放火罪的构成要件。

土地增值收益款没分给农民。庭审过程中，杜群山说，此事的起因是涉案村民承包地改为建设用地，但农民们并没有得到相应的土地增值收益。他说，可能在 2006 年或 2007 年就已经变为建设用地。从去年开始，每次开会就说征地是一步步的，先征地上附着物款，每亩地 1 万元，把这个钱发下去 90% 多，剩下几户不同意的做做工作也都同意了。街道办也让村民签了协议，地上附着物款支取了之后，施工方就过去占用这块地。

此外，由于不少群众旁听庭审被拒，这引发了律师抗议。律师申请合议庭全体回避，但被驳回。"平度纵火案"开庭的消息得到广泛关注，不少群众前往青岛中院旁听庭审，但部分人被阻拦在外。原本定于 9 时的庭审，因被害人杜永军及代理律师杨在明，被害人李德连及代理律师杨在明、刘勇进要求带群众进入法庭，如不同意则拒绝进入法庭，但未得到法院同意。相持之下，开庭时间被延迟。直至 9 点 21 分，审判长才宣布开庭。10 时 10 分，杨在明和刘勇进认为，法院不应限制群众旁听，故申请合议庭全体回避。但此申请被驳回。10 时 38 分，庭审继续。但杨在明不服此驳回决定，改为申请审判长回避。

11 时 29 分，杨在明申请审判长回避，并提出了 3 点理由。经合议庭审议后，审判长称，诉讼代理人所提的所有的回避理由均不符合《中华人民共和国刑事诉讼法》的有关规定，所有回避申请予以驳回，并不得申请复议。

村委会主任曾称："别闹出人命。"起诉状指控，2014 年 3 月初，山东省平度市凤台街道办事处杜家疃村部分村民因对土地增值收益款分配方案不满，在位于杜家疃村南、由青岛成元天业房地产开发有限公司开发的"开元城·开元御景"项目施工工地南侧搭建帐篷，昼夜由多名村民轮流看守，以阻止施工。为了解决村民阻止施工的问题，3 月中旬一天，被告人杜群山与崔连国共谋由崔连国找人对阻止工地施工的村民进行恐吓，最后引发"纵火"事件。

杜群山对起诉书指控的事实提出异议。他否认和崔连国同谋，也未让王月福放火。"起诉书指控我用汽油点燃帐篷，这一点我没说过，我也没有点过。"他还称，是崔连国先联系到他，让他想办法摆平此事。随后，崔连国安排王月福联系他。杜群山称，他让王月福找人去吓唬吓唬他们，别让他们闹事，千万别闹出人命来。后来，他又打电话叫停王月福。然而，村民闹得越来越厉害。他又找到了王月福，让他吓唬吓唬人。

崔连国也对起诉书指控存异议。他称，自己没有让王月福听杜群山的安排。他还明确告诉王月福等人不要动手，以后也不要管这个事。得知烧帐篷一事后，他对王月福说："你这是找死，放火的事坚决不能干。"崔连国称，领导告诉他，杜家疃一个姓李的老头闹事，杜群山要找人吓唬吓唬他。杜群山随后告诉他，不让他找别人帮忙，向崔连国介绍了王月福。不久，领导称不要管这个事了，他便给王月福打电话，称要停止。事后，王月福谈起此纵火一事时，他说："你这是找死，放火是死罪，谁找也不能干。"

王月福对起诉书的指控没有异议。对于放火一事，他说是杜群山让他去的。最初，杜群山让他带人去吓唬村民，把他们吓走。3 月 17 日，此事被杜群山叫停。根据王月福的说法，3 月 20 日，杜群山曾说"今天晚上必须把这个事给办了，准备两瓶汽油，把村民从帐篷赶出来之后，有不听话的打两巴掌、踹两脚，然后把帐篷浇上汽油"。王月福当时称，只要不伤人就行。杜群山说"不是让伤人，把人清出来以后，把帐篷破坏了"。王月福最终准备了一瓶汽油。王月福告诉李青，晚上必须把这个事办了，把人先清出来，不听话的打两巴掌、踹两脚，然后把帐篷倒上汽油点着，让他们没有地方住。

此外，王月福安排了李青等人去滋扰村民，他们砸玻璃，堵锁眼，扔礼花弹。

李青对检察院的指控也没有异议。他说，他没看见帐篷里面有人，他也是事发后第二天才知道烧死人了。被告人李青、刘长伟、李显光、柴培涛对检察院的指控没有异议。他对领导说，"这个地你们不要看了，村民都要钱，你们就拍卖行了，如果村民同意的话你们占了行了。"然而，领导说地上有附着物不能拍卖，必须把附着物清了。随后，他们便分片做工作，将村民的地上附着物款支取，并做围挡。

杜群山介绍，第二个款项承包合同不到期，按照政府的文件，每年赔偿多少钱，承包30年还有17年不到期，把17年赔偿款也分下去，到了最后就剩下土地增益款项。他们争取到了这笔款项，但是没有分给农民。对于这笔土地增益款项为何没有分，杜群山称，"村里95%以上的人都同意分，我一层层汇报，领导说这个钱坚决不让分，当时下来1500多万，领导的意思是说每年只准把利息分配下来，土地是留给杜家疃村的，不能把这块钱分了之后让你们这代人就享受了，后面的人吃不上饭，所以不让分。我也多次找领导协商，但是到最后这个钱也没争取下来，村民一天天闹得厉害，我也没法干了。"

法院认为，相关诉讼参与人在案件的起因上多次反复涉及征地等问题，但法庭此次审理的是刑事案件，案件的起因不是放火罪的构成要件，仅是反映案件起因，是法庭酌定考虑的一个情节。杜群山与王月福先是商定持砍刀恐吓村民，后因时任街道办事处的相关负责人阻止，暂停了行动。

因劝说村民工作无进展，3月20日杜群山又约王月福见面，二人商定用汽油放火破坏帐篷，以此恐吓村民。王月福纠集李青、柴培涛、李显光、刘长伟具体实施，并租赁了车辆，准备了工具。后王月福将杜群山与其商议用汽油放火破坏帐篷一事告知崔连国，崔连国表示反对。王月福解释只是吓唬后，崔连国未再表态，亦未进一步制止。

王月福此后将一瓶汽油送至李青等人租住处，指使当晚用汽油烧帐篷。21 日 1 时 50 分许，李青、柴培涛、李显光、刘长伟驾车到达现场附近，柴培涛停车等候，李青、李显光、刘长伟各持一把砍刀来到有村民值守的帐篷处，李青站在帐篷口，防止帐篷内村民出来发生厮打，李显光将汽油浇在帐篷外侧东南角处的沙发及帐篷上，刘长伟用打火机点燃沾有汽油的毛巾扔到沙发上引燃帐篷，后柴培涛驾车载三人逃离现场。

投放礼花弹威胁村民。法院另查明，2013 年 7 月左右，被告人王月福承揽了平度市李园街道办事处白果园村旧村改造过程中的拆除旧房、清运建筑垃圾等工程。同年 9 月至 2014 年 3 月，王月福纠集并指使被告人李青、柴培涛等人采用砸玻璃、投放礼花弹、毁坏财物、殴打他人等手段，多次对未达成拆迁补偿协议的村民进行滋扰、威胁，并强行拆除一村民住房，情节恶劣。

法院一审判决，被告人王月福犯放火罪、寻衅滋事罪，判处死刑，剥夺政治权利终身；被告人杜群山犯放火罪，判处无期徒刑，剥夺政治权利终身；被告人李青犯放火罪、寻衅滋事罪，撤销假释，与前罪未执行的刑罚并罚，判处无期徒刑，剥夺政治权利终身，并处罚金人民币800 元；被告人刘长伟犯放火罪、寻衅滋事罪，判处有期徒刑 19 年，剥夺政治权利 5 年；被告人李显光犯放火罪、寻衅滋事罪，判处有期徒刑18 年，剥夺政治权利 5 年；被告人柴培涛犯放火罪、寻衅滋事罪，判处有期徒刑 18 年，剥夺政治权利 4 年；被告人崔连国犯放火罪，判处有期徒刑 6 年。

此外，涉及政府征地拆迁以及其他行政行为是否合法，属于向行政机关反映或者通过行政诉讼程序来解决的问题，不是通过刑事诉讼能够解决的问题。

2014 年 8 月 27 日，青岛市纪委对平度市委市政府分管领导、凤台街道办事处主要负责人等 12 名相关责任人追究党纪政纪责任，其中包括两名副市长：

平度市委常委、常务副市长牛润之，给予党内警告处分；平度市政府副市长、开发区党工委书记刘玉明给予行政记过处分。

2015 年 3 月 19 日，山东平度"3·21"征地纵火案在青岛市中院普东第八审判庭公开宣判。王月福被判死刑，杜群山、李青被判无期，其余四人均被判有期徒刑。

二、案件分析

（一）征地干什么？

血案因何而起？用途变来变去，最终成房地产。2006 年 7 月，平度市人民政府拟征收香店办事处杜家疃村农用地 125055 平方米等四块地，并发布《征收土地预公告》。当年 12 月 31 日，山东省人民政府批复了香店街道办事处等农用地转为建设用地。上述农用地转用后同意征收，用于该市城市建设。2014 年 3 月初，有开发商在耕地里圈地建办公室，一些村民认为地可能被卖了，于是在农田里支帐篷值守土地。这块地于 2013 年 10 月被青岛成元天业房地产开发有限公司竞得，这应该是整个事情爆发的起点。

杜家疃村一位不愿透露姓名的村干部告诉记者，杜家疃村征地自 2006 年始，2013 年矛盾集中暴露出来。当年春节后，杜家疃村委根据上级要求，通知村民清点地上附属物，当时村两委还提前开会做了安排。清点评估的钱拨付到村里后，村民都按户领取了青苗费。

因本宗地块属经营性用地出让，根据平度市的规定，除土地种植户应获得的青苗及地上附属物补偿外，村集体还将获得两块补偿，分别是土地安置补助费和土地出让收益。"按照规定的标准，青苗费每亩 2.5 万元，安置补偿费每亩 4.5 万元。"该村干部说，这两笔钱已经于 2013 年 5 月底前全部拨付村委账户，且青苗费已在 2013 年 5 月 30 日前足额完成兑付，第二块钱已有分配方案，并发放了一部分。

至于第三块款项——土地出让收益，才是引发矛盾的焦点，杜家疃村地块当时拍出了 1 个多亿，刨去成本、税费后，净收益的 30% 由村民共享。这笔钱的数目为 1527.9 万。据该村干部讲述，得知这块收益后，多数村民主张"分光 1527.9 万"，留在村集体"不保险"。而村委、街道的多数干部认为，这笔钱应该作为集体资产集中起来统一管理。凤台街道办事处党委副书记窦伟志介绍，目前，土地出让收益如何分配没有明确规定。即使村委决定"全部分光"，也应该按照程序召开会议，并制定详细的分配方案。

对于这笔钱，窦伟志坦承"村里出现了两种声音"：有人想"一次性分光"，有人主张保值增值，永续受益，"但想一次性分光的人占多数"。据窦伟志讲，街道和村委曾提出两套方案：一是钱存银行，每年可获 40 多万利息，这笔钱可用作村民养老、医疗，逢年过节还能发点福利；二是条件合适的时候，也可用来投资不动产，购买商铺对外出租。如果继续做大，村里还可将集体资产进行股份制改革，村民可坐享红利。对于上述两种意见，村民们均不认可。窦坦言，其实街道也考虑过"一次性分光"的方案，可通过入户走访发现，"分钱也不是那么容易的"。

一方面，杜家疃村现有 197 户，共 646 人，不断有生老病死，分钱的时间节点如何选取？如果新生儿或去世的老人不算，那村民肯定会有意见。另一方面，嫁出去的女儿算不算？入赘的女婿算不算？不论算与不算，都会有村民不满意。综合考虑了多种分配方案，始终没有一个最满意的。对于这 1500 万的分配，记者在杜家疃村采访时，也听到了另一种声音。一位 60 多岁的村民告诉记者，这钱如果不分大家心里不踏实，但是如果都分了也不现实。"村里还有水电、路灯等公共设施，如果一点钱不留，设施坏了也没钱换。"

因此，该村民认为，应该分一部分，剩下的部分留作集体财产，并委派专人监管。1500 万，分还是不分，成为摆在街道、村委面前的难题。2014 年 3 月初，凤台街道尚在研究分配方案，部分村民已经行动起来，驻守田间，自发保地。这为后来的惨案埋下了隐患。

（二）村民知情吗？

土地先转后征，矛盾 7 年未结。相关法律法规规定，在征地依法报批前，要将拟征地的用途、位置、补偿标准、安置途径告知被征地农民。征地补偿不落实的，不得强行使用被征土地。平度有关部门介绍，按规定，政府征收土地程序合法。记者得到的相关文件显示，2006 年，平度市政府就要求土地征收后村委要做好村民工作，对上述土地进行勘测定界，进行现场调查。

但一些百姓不愿失地，在政府部门组织土地征收过程中，一直"不配合"。2007 年开始，凤台街道和村委会数次去清点地块，一些农户不到场。按法律要求在村委会张贴的《征收土地预公告》、《征收土地公告》和《征收土地补偿公告》，一些村民也反映没看到。杜家疃村有 197 户646 口人。涉事土地面积约 134.37 亩，其中 100 亩左右是村民口粮田。直到 2013 年 1 月，历经磕绊，杜家疃获批征收土地的清点工作才算"完成"。一份填表日期为 2013 年 1 月 28 日的杜家疃村《附着物调查登记表》显示，村民李荣茂的三块用于种植枣树的林业用地中，他按手印并写上"不同意卖地"。平度市凤台街道和杜家疃村相关负责人表示，土地征收发过通知、公告，但无法提供相关证明，而部分村民则坚称对自己的承包地被征收"不知情"。

　　"村委会卖地从来不跟我们说，我们都不知道地卖没卖，卖给谁了。"一些当地村民说。我国法律对行政机关征收农民土地作出了明确的程序规定，其中有多项涉及被征地村民的知情权。

　　国务院《关于深化改革严格土地管理的决定》中规定："要将被征地农民知情、确认的有关材料作为征地报批的必备材料。"也就是说，如果没有农民知情、确认的有关材料，征地是无法审批的。正因为这些材料齐全，国土部门才能完成报批审批手续。这些材料在国土管理部门均已存档。杜家疃村卖地，村民到底知不知道？在平度市国土局，记者看到了 2006 年报送给省国土资源厅的文件，内含山东省对杜家疃村地块的属性变更批复、拆迁补偿协议、放弃听证证明及 2006 年的征地公示。其中，征收补偿协议落款日期分别为 2006 年 8 月 30 日、2007 年 8 月 23 日。凤台街道办事处党委副书记窦伟志表示，在征地过程中，街道和村委都按照程序，采取多种方式告知村民。2013 年 1 月 27 日，村委召开会议布置工作任务，要求通知每户被征地村民，在规定时间内到各家地头上等待清点。"这些都有会议记录。"不知情怎么可能签字按手印？街道办认为，这是村民知情的最有力的证据。"村里就这么大，卖地又是这么大的一件事，一个人知道了，全村人也就知道了，说不知情是不可能的事。"窦伟志说。

　　征地是否要征求村民意见？平度市国土局土地征收科科长袁延斌认为，"村庄签了协议书，证明村庄同意征地。"至于村委会是否征求了村民意见，不在国土部门的审查之列。记者看到 2006 年平度市报送给省国土资源厅的文件，内含《放弃征地听证证明》等材料。

　　对于征地事项，当地村民知晓多少呢？对此，新华社记者采访了李亚林、李国梁、李海军、黄爱珍、李学友、杜永松等 20 余名村民，都表示不知村里要卖地的事情。一些村民说一直不知情，更不要说同意了，是村委会偷偷把地卖了。

　　2013 年 4 月，村里广播通知清点地上附属物，村民李作新质问村干部，对方说，"只是为了统计土地，没有别的目的。"针对村民这一疑问，涉事村干部始终没有出面回应。不过，凤台街道办一位干部认为，村里应该通知了村民相关事宜，因为她带队下乡时曾有村民一听说征地就不愿让干部进门。不过，通知了多少村民、意见如何，时间长了，无据可查。因此，新华社记者通过调查后认为："平度纵火案，是一次典型的被拖到'炸'的极端事件。"

（三）补偿谁说了算？

政府称到位了；村民说不知情。平度市有关方面表示，当地财政2013年4月8日拨付了杜家疃村青苗和地上附属物补偿费340.6274万元，每亩标准2.5万元。2013年5月16日，又拨付土地安置补偿费604.665万元，并按规定，预备将其中80%即483.7万元分配给村民。截至2014年3月23日，有42户村民领取，剩余27户以补偿标准过低为由，尚未支取。用于支付土地延包（1999年）以来新增无地人口139人的口粮补助，标准也是人均6800元（共17年），共计90多万元。其中112人已经签字支取，还有27人也以补偿过低为由尚未支取。

对于征地的合法性、补偿的合理性，当地村民的知情权的种种疑问沸沸扬扬，当地政府有责任给民众一个交代，疑云背后，有层层事实需要澄清。近日，本网记者赶赴平度走访杜家疃村、凤台街道、平度国土局等部门，用事实说话，对目前社会上的种种质疑逐一展开调查核实。

（四）补偿是否过低？

平度杜家疃村征地事件中，有村民质疑"补偿标准是否过低"？对此，平度市国土局土地管理科袁科长在接受记者采访时表示，征地补偿标准国家是有明确规定的。根据《土地管理法》第47条规定"土地补偿费和安置补助费的总和，不得超过被征收前三年平均年产值的 30 倍"。这是补偿的上限。

凤台街道办党委副书记窦伟志表示，杜家疃所涉地块土地补偿费和安置补助费"按上限执行"，总计 604 万元，2013 年 5 月 16 日已全部拨付到位。至于青苗费补偿标准，《土地管理法》第 47 条同时规定："被征用土地上的附着物和青苗的补偿标准由省、自治区、直辖市规定"，省政府办公厅《关于调整征地年产值和补偿标准的通知》要求："地上附着物和青苗补偿标准由设区的市政府制定"。因此，杜家疃村所涉地块青苗和地上附着物补偿，参照青岛市征地年产值和补偿标准执行，总计 340 万元。这笔钱已经于 2013 年 5 月全部发放到村民手上。

窦伟志告诉记者，补偿费仅仅是法律规定应得补偿，村民实际从土地出让中获得的收益远不止这些。平度市为保障被征地村庄集体经济后续发展，专门出台了经营性用地出让收入分配办法。按照规定，经营性用地公开出让后，将土地出让收入扣除征地成本、提取相关基金后的金额，按 30% 的标准拨付给被征地村庄。其资金主要用于社会保障、农田水利等公共事业。

2013 年 10 月，平度市政府对杜家疃村 81.59 亩土地进行了公开出让，根据上述办法，该村获得了 1527.9 万元的土地出让收益。这笔钱已经于 2014 年 2 月 27 日拨付到位。

（五）被征地是不是基本农田？

钱的事儿尚无定论，杜家疃村的地又遭到了村民和媒体的质疑。征地过程中，是否存在"瞒天过海"，将基本农田偷换为一般耕地，从而获得省政府批复的土地属性变更文件。平度市国土局土地管理科袁科长告诉记者，现行政策规定："加强农用地转用审批的规划和计划审查，凡不符合规划、没有农用地转用年度计划指标的，不得批准用地"、"基本农田一经划定，任何单位和个人不得擅自占用，或者擅自改变用途，这是不可逾越的'红线'"。

袁坦言："所以 2006 年、2007 年经山东省政府批复的两个农转用地块，此前属于符合规划的一般耕地，绝非一些人说的'基本农田'，造假变更是不可能的事。"平度市国土局局长黄武表示，该地块 2006 年、2007 年省里已下文批准从农用地变为建设用地，文件号为鲁政土字【2006】1921 号、鲁政土字【2007】231 号。袁科长给记者展示了一幅 1998 年绘制的"平度市城乡结合部土地利用总体规划图"，根据此图显示，涉事地块符合土地利用总体规划，属建设用地。

（六）是否存在"少批多占"？

另据村民反映，涉事地块被围挡圈起来的面积约 120 亩，而省里批复用地为 81.59 亩，多出的 40 多亩是否存在越界圈占？据平度市国土局监察大队大队长王同波讲，2006 年、2007 年省国土资源厅分两次批复杜家疃村及周边地块"属性变更为建设用地"，总面积约 121.5 亩。2013 年 10 月，其中的朝阳路北侧、苏州路西侧的 81.59 亩被挂牌出让，青岛成元天业房地产开发有限公司斥资亿元摘得该地块。剩下的约 40 亩，已经办理农转用征收手续，将择机进入招拍挂环节。

招拍挂 81.59 亩，围挡面积 120 亩，这样的行为违规吗？平度市国土局土地管理科袁科长认为，当地政府有责任帮助拿地企业顺利施工，闲置的土地经常被用来临时堆放建筑材料、搭建工人宿舍，但临时占用时间不能超过两年。袁告诉记者，按照规定，施工围挡必须悬挂《施工许可证》，开工的 81.59 亩地已经悬挂。但未出让的 40 亩地，因为没有出让、没有规划，当然没有《施工许可证》，更谈不上悬挂了。

三、借鉴与启示

　　平度纵火案一经媒体曝光，因其敏感的话题，恶劣的后果，迅速占据了舆论的高点。从 21 日案件发生到其后的十多天里，报刊、广播、电视、网络等媒体纷纷登载事件追踪，发表评论，访谈专家学者，提出对平度"3·21"事件的真知灼见。而广大群众、意见领袖等也通过各种渠道表达对此事件的看法和质问，对此案件的直接指使者、执行者，以及背后可能的利益关系者和地方政府都不同程度地表达了不满和愤怒。

"平度事件"媒体报道和评论观点代表性

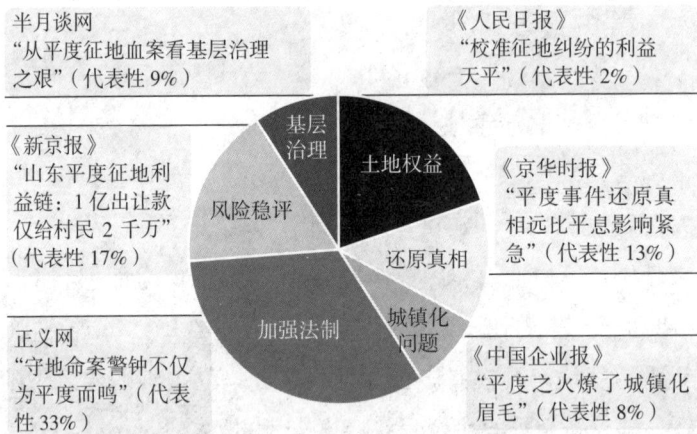

半月谈网
"从平度征地血案看基层治理之艰"（代表性 9%）

《人民日报》
"校准征地纠纷的利益天平"（代表性 2%）

《新京报》
"山东平度征地利益链：1 亿出让款仅给村民 2 千万"（代表性 17%）

《京华时报》
"平度事件还原真相远比平息影响紧急"（代表性 13%）

正义网
"守地命案警钟不仅为平度而鸣"（代表性 33%）

《中国企业报》
"平度之火燎了城镇化眉毛"（代表性 8%）

基层治理　土地权益　风险稳评　还原真相　加强法制　城镇化问题

　　城镇化进程中的征地拆迁安置也有很多成功经验值得借鉴。2008年安徽省合肥市在旧城改建拆迁中，政府积极主动介入，开发商严格依法照章办事，当地民众积极配合，实现了"零上访、零投诉、零补偿"的良好效果。另外还有浙江宁波市勤州区通过政策、过程和结果三公开，土地房屋通过信息公开和监管系统以"全透明"、"阳光拆迁"方式全程接受拆迁户的监督，在集体土地上率先破冰，这些都是可以借鉴的范本。平度纵火案可以给我们很多启示。

（一）期盼城镇化进程回归理性

杜家疃村民因为对征地补偿方案的不满，尤其是希望将 1500 多万元的土地出让收益分发到户，陆续展开了上访、推翻工地围挡、搭帐篷守地等一系列对抗活动，村民的诉求也在逐渐明晰凸显出来。街道和村委对于回应村民诉求，开展了大量工作，包括进一步增加分发补偿的力度，在 3 月 20 日，还在研究制定更加满足村民的分配方案，然而谁能想到，21 日，惨剧毫无征兆地发生了。

在这场利益冲突激烈的博弈中，信息沟通得不够顺畅，是否也是酿成惨剧的一个助因呢？惨剧已经发生，这一惨剧不忍直视，不堪回首，人们企盼悲剧永远不要重演。这里，需要政府的依法行政、民众的依法维权、信息的公开透明、沟通的低成本。更需要对人性的尊重、对生命的珍爱，以及懂得谈判与妥协的智慧。

我们期盼，在全国范围的城镇化进程中，国家应尽快完善征地拆迁的法律法规，将类似悲剧消弭于无形。杜家疃的征地疑案如何破解？最终，还是需要相关各方通过沟通表达诉求，通过协商解决争议，通过谈判回复平衡。只是这一切，在群情激奋的情绪化对抗面前，目前仍显得时机不够成熟。所以，我们期盼回归理性，回归本源。

（二）坚持信息透明、公正、文明执法

"三农"问题研究专家中央党校研究员曾业松认为，一些地方打着"公共利益"旗号随意征地，动辄废除农民的 30 年承包经营合同，把农民从土地上赶出去。征地的公共利益不明，信息不透明，随意圈占耕地的现象就很难以遏止。平度纵火案是由典型的野蛮征地事件恶化而来。7 名案犯中，有两名是当地两个村的村委会主任，4 名为有前科的社会

闲散人员。前者指使策划，后者具体实施，目的就是为了迫使农民就范。这种征地套路实在是再熟悉不过。指使者中，崔连国不仅是原杜家疃村村委会主任，同时还是一家置业公司的代理董事长。该案 2014 年 8 月开庭审判时，出现了让人瞠目结舌的一幕，死者家属与崔连国等两名被告人"达成谅解"，希望法庭对其从轻处罚。杜家疃村 53 位村民也联名为崔连国求情，称其"乐于助人"。

随着全国各地城镇化的快速发展，土地征收引发的相关事件多发。当前，我国正在加快推进新型工业化、信息化、城镇化和农业现代化，部分农村地区尤其是相对发达地区的农村土地增值效应明显，征地情况仍将继续存在。打破一些地方所存在的遇到土地征收难题用暴力解决的"魔咒"，保持当地经济社会平稳发展，显得极为迫切。

党的十八届四中全会吹响了建设法治中国的进军号，"四个全面"的战略布局把"依法治国"提到了极其重要的地位。以此案作为警示，坚决依法打击暴力征地犯罪，进一步加强基层组织建设，加快推进农村法治进程，提高农村地区干部群众的法治意识，优化农村的法治环境，才能少些不和谐音符，多些和谐发展。

（三）处理好发展与稳定、维稳与维权的关系

虽然不是终审判决，平度纵火案的一审宣判仍然有着某种"划线"的意义。它划出了一道什么线呢？这要从两个大的语境下才能看得更清楚。首先，维稳与维权的主次关系已经逐步逆转，"维稳的实质是维权"成为主导性的政治理念，无视民众利益诉求的维稳方式不再受到官方话语的庇护。正是由于维稳方式的根本转变，近年来群体性事件和越级上访事件呈现出减少趋势。另一个语境当然就是依法治国，用法治的方式处理社会矛盾、解决社会纠纷已经成为共识。在这两个前提下，平度纵火案的宣判似乎是在向整个社会发出一种强音，即金钱和权力以流氓手

段侵害农民利益的做法已经行不通了。今后如果再出现类似恶性事件，就不大可能再被压制下去，而必然会受到行政追究与司法制裁。

（四）加强农村基层组织建设，防止基层权力异化

平度纵火案发生之后，青岛市纪委曾对 12 名相关责任人给予党纪政纪处分，平度市委书记王中随后也被调离。但我认为，对这一事件的反思仍然不该画上句号。平度纵火案最让人警醒的问题，是农村基层的权力出现了异化的征兆。与平度崔连国的情形相类似，不少农村地区的村委会主任同时都具有两种身份，既是农村的当家人，又是私营企业的老板。他们用经营私企的方式"经营"农村，把农村的土地、矿产等集体资源视为己有，任意侵占。他们与上级领导勾结，又雇用社会闲散人员充当打手，压制农民的维权主张，以非法手段聚敛起可观的财富。一些地方出现的"村官巨贪"，就是通过这样的方式慢慢生长起来的。这些潜伏在乡野的村官虽然不像朝堂之上的巨腐那样可怕，但其对社会的危害程度同样不可低估。他们一方面作恶，另一方面又收买人心。一方面任性践踏农民利益，另一方面又处于反腐和法治的视野之外。他们以手中的权力积累起巨额的非法财富，又以经商的方式将财富洗白。农民既是他们的受害者，又在长期的被剥夺中形成了斯德哥尔摩综合征。在平度纵火案中，崔连国为什么会获得死者家属的"谅解"？不外乎他用自己的金钱让对方"屈服"。至于 53 名村民联名为他求情，只能证明他已经在当地获得了压倒性的控制力，他的势力丝毫没有因为被审判而削弱，他只是在等待东山再起。

令人感到震惊的是，纵火者竟然是受开发商和村委会主任指使实施犯罪。村委会主任，这个在基层民主框架中"由村民选出、保护村民利益"的人，竟然沦为伤害村民权益的"刽子手"，其中隐藏着怎样的利益黑幕？究竟展现出一幅怎样的基础治理生态？

　　平度纵火案是恶化的农村权力结构的一次"破疮"，它因此被外界所关注，也因此被司法程序锁定。但如果我们认为，平度只是广大农村地区的一个特例，就未免过于乐观。一些地区的村官已经不能用"苍蝇"来形容，他们已经成了事实上的恶霸，成了超然于法律之上的主宰者，更是农村的毒瘤。如果不能割除这些毒瘤，不消除小官巨腐的问题，再好的农村政策也很难惠及农民。

　　有权力就要有监督，而完善的监督必然是多层次、多层面的监督。制度设计首先要细化村民对村干部的监督行为，培养村民监督公权力的能力与习惯，使村干部任何违背村民意愿的行为都会由于受到来自村民多渠道的约束而很难发生。制度设计还要加大政府对基层自治组织的监督责任，在基层选举、治理、罢免各个环节发挥政府的监管作用。同样不能忽视的是，县乡基层人大对村委会选举和运行的监督作用，人大是法律规定的最高权力机构，完全可以代表国家对村委会依法选举、依法施政进行监督，但是在这方面我国还没有明确的法律规定，所以要从完善法律的角度出发，提升基层人大对村民自治的动态监督作用。总之，就是要让制度设计确保基层民主不被私利扭曲，让村民自治真正体现民主的意愿、民主的精神。

参考文献

1. 蔡方华：《平度纵火案宣判，野蛮征拆到此为止》，http：//mp.weixin.qq.com/s？ biz=MjM5NjIyMDg0OQ==&mid=204645786&idx=2&sn=0a9bf70af6fcaff143b214d69d52ff73&3rd=MzA3MDU4NTYzMw==&scene=6#rd。

2. 郑言：《平度纵火案背后的调查　九问征地疑云》，http：//news.qingda-onews.com/qingdao/2014-03/26/content_10348749_all.htm。

3.《广州日报》，2015 年 3 月 20 日。

4. 陈芳、苏万明、张志龙、王海鹰、刘敏、高洁：《平度纵火案，一次被拖到"炸"的极端事件》,《新华每日电讯》2014 年 3 月 27 日。

5. 傅达林:《平度纵火案凸显基层治理病灶》,《法制日报》2014 年 3 月 28 日。

6. 苏万明:《以法治之手破解暴力征地"魔咒"》,《新华每日电讯》2015 年 3 月 20 日。

7. 中国政务舆情监测中心:《平度"3·21"纵火案舆情分析报告》,《领导决策参考》,2014 年第 13 期。

（李德　编写）

抗击"埃博拉",考验全球危机治理能力

一、案例始末

　　埃博拉疫情是 2014 年全球公共卫生领域最引人瞩目的热点。据 2015 年 4 月下旬外媒报道,世界卫生组织统计自疫情爆发以来,共有 26079 人感染了埃博拉病毒,其中 10823 人死亡,几乎所有的死亡病例均在几内亚、利比里亚和塞拉利昂。2015 年 5 月,利比里亚首次宣布埃博拉疫情结束,但随后埃博拉病毒两次在该国出现。直至 2016 年 1 月 14 日世界卫生组织在日内瓦宣布,利比里亚已经超过 42 天没有新增埃博拉病例,利比里亚复燃的埃博拉疫情结束,所有已知的埃博拉病毒传播链在西非地区全部终结。

　　疫情从最初远在非洲一隅的国际社会并不十分关注的局部问题,演变为拉响全球警报的重大公共卫生事件,最终超越了公共卫生事件本身,演化为一场影响到全球政治、经济、社会、安全等诸多方面的危机,这是一个值得令人反思的过程。

（一）疫情爆发的大致过程

回顾整个疫情爆发蔓延的过程，其势头之猛，时间之迅速是触目惊心的：

2014年的这次埃博拉疫情，于当年2月爆发于几内亚南部一个村庄。病毒来势凶猛，疫情迅速蔓延。

4月23日，在最为严重的盖凯杜古地区发现疑似与确诊病例疫情达到242例，死亡142人，致死率高达58.7%。

5月23日左右，疫情从农村蔓延至有200万人口的首都科纳克里。

5月下旬，塞拉利昂发现临床病例。

7月初，利比里亚报告有107例感染病例，死亡65人。

7月25日，疫情蔓延至尼日利亚，当地出现首例埃博拉病毒感染死亡病例。至此，西非已有4个国家发现埃博拉疫情，并且越演越烈。

……

2014年10月20日，世界卫生组织驻尼日利亚代表机构宣布，尼日利亚已经连续42天没有新增埃博拉感染病例，成为无埃博拉疫情的国家。埃博拉疫情最先在尼日利亚的商业中心拉各斯出现，这是一个人口超过两千万的城市，具有较完备的医疗设施。专家分析称，拉各斯通过多点布控、全面防疫，有效地遏制了疫情。一是在机场和公共交通方面的管制，对拉各斯、阿布贾等国际机场重点监控，测量每位出入境乘客的体温；二是尼日利亚媒体能够迅速播出专业医疗机构的防范建议；三是官方要求餐馆、娱乐中心等公共场所为公众提供洗手和消毒设备。此外，在会议室、银行、邮局和机关单位门口，设专人手持测温仪为入内人员测体温。尼日利亚教育部门还要求全国中小学推迟一个多月开学。这种防范意识的提高使尼日利亚的疫情得到很好控制。至此，抗击埃博拉取得了阶段性胜利。

……

2015 年 1 月 11 日，全球共报告埃博拉病毒病例 21296 例，其中死亡 8425 例。疫情跨越西非、欧洲和美洲三大洲，分布全球 9 个国家。

2015 年 4 月 22 日，自埃博拉病毒爆发以来，已经有超过 2.6 万人被感染，超过一万人死亡。据专家称，病毒的传播速度已经减缓到"爬行"的阶段。但世界卫生组织警告称，确诊病例的下降似乎进入了停滞期。

2016 年 1 月 14 日，世界卫生组织在日内瓦宣布利比里亚复燃的埃博拉疫情结束，所有已知的埃博拉病毒传播链在西非地区全部终结。

（二）国际社会面对疫情的不同反应

纵观整个疫情蔓延、发展、被控制的过程，疫情国家和整个国际社会在不同阶段采取了截然不同的措施。

第一，疫情国家采取了十分严格的"隔绝"措施，即通过戒严、隔离、停课的方式防止疫情扩散。2014 年 8 月 8 日，尼日利亚宣布国家进入紧急状态。8 月 19 日，利比里亚宣布全国开始戒严。8 月 20 日，利比里亚安全部队封锁了首都蒙罗维亚住着约 7.5 万人的西点贫民窟，对其实施隔离。总统瑟利夫表示，"我们已经不能控制埃博拉病毒的蔓延。"她宣布实施一些更严厉的隔离措施，下令"宵禁"，要求关闭电影院、夜总会等场所。8 月 27 日，尼日利亚政府宣布，全国中小学校全面停课，将开学时间推迟至 10 月 13 日，以预防病毒进一步扩散。

第二，外界国家采取关闭边境、民航禁飞、撤离人员的措施。2014 年 3 月，塞内加尔率先关闭其与邻国几内亚的边境，后于 5 月决定开放边境，但在 8 月 21 日再次宣布关闭与几内亚的边境。8 月 13 日，几内亚比绍等国关闭与几内亚的边境。此外，与几内亚接壤的科特迪瓦，与利比里亚接壤的塞拉利昂、科特迪瓦，与尼日利亚接壤的喀麦隆、乍得等国，都关闭了边境，禁止人员来往。为抑制病毒传播，西非国家实行严格的边境管控甚至封锁。利比里亚关闭了与塞拉利昂的西部边境，出动部队对贫民区实施强制隔离和检疫。利比里亚部队下令，一旦发现非法越境人员，立即开枪。

与此同时，一些国家的民航公司，宣布停飞到这些国家的航班。7月28日，尼日利亚阿里克航空公司宣布，将暂停所有飞赴利比里亚和塞拉利昂的直航航班。7月29日，经营泛非洲航空运营业务的ASKY航空公司宣布，暂停所有进出塞拉利昂首都弗里敦和利比里亚首都蒙罗维亚的航班，停飞所有从几内亚首都科纳克里运出食品的货运飞机。到8月中下旬，已有多个非洲国家暂停飞往西非疫区的航班。喀麦隆已对邻国尼日利亚进行海陆空全面封锁，塞内加尔决定禁止来自几内亚、塞拉利昂和利比里亚的飞机及轮船入境塞内加尔。8月22日，加蓬宣布暂时禁止来自几内亚、利比里亚、塞拉利昂和尼日利亚的飞机和轮船入境。8月下旬，布鲁塞尔航空公司、英国航空公司、法国航空公司、尼日利亚阿瑞克（Arik）航空公司、阿联酋航空公司等均宣布停飞西非四国的航班。韩国航空公司则宣布停止飞往东非国家肯尼亚的航班。此外，南非宣布禁止所有来自几内亚、利比里亚和塞拉利昂的旅客进入其领土。

与此同时，国际社会中的一些国家和组织则采取了撤离人员的措施。8月28日，在西非三国境内的跨国公司撤走外籍员工。比如美国卡特彼勒公司开始从利比里亚撤员，加拿大石油公司暂停了钻探项目。尼日利亚也出现外国公司撤离员工的现象。更令人震惊的是，菲律宾政府竟然决定召回派驻利比里亚的115名联合国维和士兵，而此时恰恰是最需要他们来维护利比里亚国家安全的时候。

（三）国际社会的援助工作

本次疫情中，国际社会的援助主要体现在提供医疗物资和医护人员、资金支持以及疫苗研发三个方面。

在提供医疗物资和医护人员方面。中国是最早参与救治并提供物资援助的国家，中国援非医疗队的医生在美国、埃及、日本等国医护人员相继撤离的情况下始终坚守一线，几内亚首都第一例埃博拉患者就是由中国医生接诊的。中国驻利比里亚医疗队也在疫情刚刚在当地爆发时，就为当地医生和民众进行埃博拉防治培训和卫生知识普及。自8月初开始，中国向疫区陆续派出多批公共卫生专家以及针对埃博拉疫情进行一线防控和救护援助的短期医疗队，9月又向塞拉利昂派出了59人组成的移动实验室检测队，使得中国赴疫区医务人员总数达到174人，此外还向疫区提供了防护衣、消毒剂、粮食等急需用品。截至11月20日，中国已分四批向疫区国家提供了总价值为7.5亿元人民币（约合1.2亿美元）的援助，成为累计向非洲提供援助批次及金额最多的国家之一；累计派出近150名医务人员参加一线救治；为疫区国家援建了生物试验室和治疗中心；并帮助周边十国降低疫情输入性风险，推进中非公共卫生的长远合作。

欧盟是最早向疫区提供援助的地区组织，本次埃博拉病毒第一例检测结果就是出自法国里昂的巴斯德实验中心，欧盟还在疫情爆发初期就向疫区派出了移动实验室参与病毒的检测及分析。

随着疫情的逐步升级，越来越多的国家和组织向疫区提供了帮助。世界卫生组织累计派出了500多名医护人员奔赴疫区；9月12日古巴宣布向塞拉利昂派出165位医务人员；美国疾病控制与预防中心有超过100名医务工作者在疫区工作，9月又宣布派出3000名士兵前往疫区协调国际救援，并宣布在利比里亚建立17个分别容纳100张病床的医疗机构，以及一个每周能够培训500名卫生保健工作者的中心；英国也宣布将部署军事力量，并在塞拉利昂建立一个有50个床位的医院；9月18日德国国防部声明将向西非运送援助物资；日本也表示将通过世界卫生组织向西非地区派出史上最大规模的医疗专家队。

在资金支持方面，各个国家和国际组织的资金陆续到位。抗击埃博拉疫情所需资金随着疫情的发展在不断增加，最初世界卫生组织在路线图中提出了7105万美元的国际财政援助预算，仅一天之后，这一数字就被追加至1亿美元，9月16日世界卫生组织估计未来六个月用来对抗埃博拉疫情的全球资源价值高达10亿美元。

　　同医疗物资与人力资源的援助一样，最初向疫区捐助资金的也是中国和欧盟。4月、8月和9月，中国分三次向疫区国家提供了资金和紧急物资援助，并向世界卫生组织和非盟各提供200万美元的现汇援助。3月至8月，欧盟四次向疫区援助资金达1190万欧元，并宣布未来还将提供1.4亿欧元的捐款致力于疫区卫生保健系统的长期重建。

　　9月，来自国际组织、政府和私人慈善机构的资金支持开始增多，之前的很多资金承诺也逐步兑现。非洲开发银行是投入额度最大的援助方，总共向世界卫生组织捐资2.1亿美元。截至9月18日，世界银行已调集了1.17亿美元用于改善疫区国家的公共卫生系统，应对疫情对经济发展带来的负面影响。联合国中央紧急应急基金划拨了380万美元用于抗击疫情，同时它还在寻求募集近10亿美元的国际财政援助。国际货币基金组织1.3亿美元援助款项也已到位。截至9月底，美国已经投入了约1.75亿美元帮助应对埃博拉疫情，今后计划再提供约6亿美元。最大一笔私人捐款是来自比尔和梅琳达·盖茨基金会的1200万美元资助。

　　在疫苗研发方面，不断取得进展。目前针对埃博拉病毒还没有特效药物和疫苗，鉴于病毒给全球带来的安全威胁，各国都加快了疫苗研发的速度，多国的药物或疫苗研发都已进入一期临床试验阶段，其中最受瞩目的是由美国马普生物制药公司研制、之前曾成功治愈两名感染埃博拉病毒的美国医护人员的实验性药物ZMapp。另一种由加拿大公共卫生署微生物实验室研发的疫苗同样也完成了在猴子身上的实验，并取得令人满意的效果，目前已向西非地区发放。德国一家公司研发出一项技术，从烟草叶中提取可用于生产ZMapp疫苗抗体的蛋白和酶，从而能够批量生产埃博拉疫苗。英国、瑞士抗击埃博拉的疫苗也于2014年9

月进入临床试验阶段。日本富山化学工业公司表示，其研制的法匹拉韦（favipiravir）能有效阻止细胞内的病毒增殖，在对抗埃博拉病毒方面很可能具有一定的疗效。由中国军医学科学院微生物流行病研究所研发、已完成临床前研究的 jk-05 也将投入到西非疫区，帮助控制疫情。

（四）疫情导致的破坏性影响

埃博拉病毒的蔓延不仅仅是一场非洲局部地区的公共健康危机，如果不能得到及时有效的控制，其影响还可能波及到疫情爆发区以外的国家和地区，引发经济、社会、人道主义灾难，甚至使全球安全受到威胁。

首先，首当其冲受到疫情影响的是西非地区的经济。疫情爆发后，西非国家纷纷关闭边境口岸，多家航空公司先后取消了往来疫区的航班，纳米比亚、赞比亚、肯尼亚、南非等国限制来自疫区的人员入境，美国、法国、德国等多个国家发布旅行警告。重重禁令在疫情发生地与其他国家之间筑起"围墙"，给双边经贸发展、人员往来带来障碍。疫区国家受到负面影响、资金流入大量减少的同时，还需要投入大量财力物力对抗疫情，这势必给这一地区的经济发展带来更大压力。过去的几年中，西非的经济发展令人瞩目：2013 年，西共体国家以 6.3% 的经济增长率领跑非洲。但受到疫情影响，根据世界银行 2014 年 10 月的估算，塞拉利昂、利比里亚和几内亚 2014 年的经济增长将分别比此前预期的 11.5%，5.9% 和 4.5% 下降至 7%，2.5% 和 3%，三个国家 2014 年的经济损失总额将达到 3.59 亿美元。若疫情继续蔓延至其他国家，其所带来的经济损失将达数十亿美元。总之，如果疫情不能得到及时控制，那么它所产生的连锁反应对西非经济的打击将是十分严重的，而且，埃博拉疫情在影响上述国家经济发展的同时，也将给整个非洲大陆投下阴影。

其次，疫情引发一系列社会问题。疫区多家收治过量埃博拉病人的医院的医务人员因为在缺乏防护的情况下低薪超负荷工作而举行罢工。一些诊所由于担心接收到埃博拉患者会引起其他病人和医疗人员不满而不再对外开放，拒收任何新病人，医疗机构的关闭导致大量普通患者也无法就医，从而引发医患纠纷。一些隔离区内的民众因生活用品短缺、物价上涨而怨声载道。上千名儿童失去单亲或双亲，从而沦为"埃博拉孤儿"。疫情还引发了通货膨胀、食品短缺等次生危机，造成市场混乱。

最后，疫情的影响不仅限于西非，随着全球关联性增强，没有哪个国家可以成为一座不受外界影响的孤岛。2014年9月30日，美国本土确认了首例埃博拉患者，这是埃博拉病毒自1976年被发现以来第一次走出非洲，随后，位于欧、亚两洲的西班牙、印度也于10月、11月相继出现疫情。这种曾经被认为是"黑非洲特产"的传染病如今已成为关乎全球每个国家和地区安危的"国际传染病"。此外，虽然主疫区仍然远在西非地区，但东、南非洲的旅游业已受到重创；尼日利亚北部的恐怖主义本来就阴云不散，如果埃博拉疫情失控，恐怖分子会趁势更加肆无忌惮，从而给全世界带来安全隐患；在疫情控制之前，各国来自西非的进口矿产将骤减乃至暂停；疫情使得西非可可豆减产，严重影响了国际巧克力供应。

二、案例背景

埃博拉病毒也叫伊波拉病毒，是一种能引起人类以及猴子、猩猩等灵长类动物产生埃博拉出血热的烈性传染病病毒。埃博拉病毒属丝状病毒科，在电子显微镜下呈现出纤丝状，这些纤丝会出现弯曲或者缠绕的状态，就像小虫子蠕动一般。埃博拉病毒自在非洲中部的苏丹南部和扎伊尔即现在的刚果民主共和国的埃博拉河地区首次被发现后，它引起医学界的广泛关注和重视。

埃博拉病毒第一次对人类发起攻击是在 1976 年 7 月 6 日。在苏丹恩扎拉镇的一家棉花加工厂，当时一名工作人员出现不适症状后不久便因休克死亡，他的身体多处出血，死相恐怖。时隔仅两个月，与苏丹相邻的刚果民主共和国的北部小城杨布库也出现了同样的可怕病例，而且这次死亡率相对第一次而言更高。后来发现，那里的医院都是使用同一支注射器给病人打针的，由于缺乏必要的消毒措施，恐怖的病毒就以这家医院为中心，急速扩散。

科学家从杨布库的病人体内分离到一种新型病毒，命名其为埃博拉病毒（Ebola virus），这个名字来源于杨布库一条美丽的小河——埃博拉河。埃博拉病毒有五个兄弟，它们分别叫：本迪布焦埃博拉病毒、扎伊尔埃博拉病毒、雷斯顿埃博拉病毒、苏丹埃博拉病毒、塔伊森林埃博拉病毒。这都是根据发现它们的地名而命名的。这五兄弟中数二哥扎伊尔埃博拉病毒的致死率最高，曾一度高达 90%。

2014 年夏天在西非连续发生了埃博拉病毒的案例证明，埃博拉病毒已经对人类发起了新的攻击。人类在接触到被感染动物的血液、器官，食用被感染动物，或者接触其他可能沾染埃博拉病毒的物体时，就有可能感染上埃博拉病毒。

埃博拉病毒引起的埃博拉出血热（Ebola hemorrhagic fever，简称 EBHF），对人类的伤害是致命的，是当今世界上最致命的病毒性出血热。死亡率可以高达 50% 至 90%。

来自疫区的临床报告显示，2014 年初，自西非国家几内亚开始爆发的"埃博拉"，其发病过程和临床表现如下：

初期症状因人而异，见于发病的 2—3 天。最初会突然出现发高烧、严重头痛，肌肉、关节疼痛，咽喉疼痛；同时或随之出现腹部疼痛、恶心呕吐和头晕、严重乏力。

病程 4—5 天，进而出现腹泻、黏液便、深色或带血的粪便、咖啡样吐血、因血管胀大而眼睛变红、因皮下出血而皮肤出现红斑、斑丘疹、紫斑和内出血。身体任何孔都会出血，包括鼻、口、肛门、生殖器官或针孔。

病程 6—7 天，除了持续发热、出血外，还会出现狂躁意识或神志昏迷，亦可能并发有心肌炎、肺炎等。

其后，绝大部分重症患者或者严重并发症的患者会出现低血压、低血容量、心悸、体内器官严重受损并引致弥散性全身坏死及蛋白尿。最终导致心力衰竭、休克及肝、肾功能的衰竭，最终死亡。

发病过程到死亡时间短，基本只有十天左右，且传染性强，死状恐怖，堪称人类历史上最致命的病毒。

三、案例分析

埃博拉疫情肆虐于西非，是有一定地域、政治、经济、宗教原因的。而疫情在短期内失控，几个月内疯狂肆虐，与整个国际社会的反应滞后也有很大关系。

（一）医疗卫生体系不健全

此次处于疫情重灾区的几内亚、塞拉利昂和利比里亚三国均位于世界最不发达国家之列，贫困导致上述国家卫生条件落后，医疗防控和救治体系十分脆弱。医疗卫生应急体系更是破碎而低效，患者缺乏病床和安全无菌的隔离病房，很多治疗机构人满为患，无法收治新的病人；医务人员身兼数职，并且缺乏个人防护设备，也缺少诊断和治疗埃博拉病毒病的技能培训，发生感染几率非常高，医护人员的不断感染死亡又使状况不断恶化。在疫情地区，医院变成了埃博拉病毒的扩增器。民众平均受教育水平较低，缺乏最基本的医学常识和自我防范意识，防治运动的开展和卫生意识的提高非常困难。同时，民众对政府和医务工作者缺乏信任，患者认为医院被埃博拉病毒污染，已不安全，治疗是无效的，如果待在医院里，可能会被限制在不卫生的病房。于是，患者因害怕医院躲起来了，并且精神脆弱、易于冲动。不安全的卫生设施、士气低落、相互不信任和恐惧等因素形成了恶性循环，其结果是加快埃博拉病毒在社区的传播。在这种情况下，很难杜绝传染病的流行，而一旦疫情爆发更是难以得到及时有效的控制。

（二）一些传统宗教、文化观念和风俗加速了疫情蔓延

尽管受殖民宗主国文化的影响，非洲国家普遍信仰基督教或伊斯兰教，但非洲传统宗教仍然在社会生活中占据重要地位。非洲传统宗教中一个重要内容就是通过信仰治疗，除鬼降魔，从而达到祛病救人的目的。在利比里亚和塞拉利昂的教堂，一些神职人员宣称，教堂能够治愈埃博拉病毒。在这一观念影响下，埃博拉患者不相信医院和医生，而是相信教堂，从而延误了治疗。西非很多地区的传统葬礼习俗中，亲属要触摸尸体并停尸数天，而此时正是埃博拉病毒传染性最强的时段，据悉，几内亚60%的埃博拉患者都是参加葬礼而感染的。非洲人喜食野生动物的习惯也增加了病毒感染的几率。

（三）西非国家地区城市人口密度和人员流动性加速了病毒传播

据相关报道，西非此次疫情中发生的大部分感染病例为人际传播。感染的发生缘于与感染者的血液、其他体液或分泌物（粪便、尿液、唾

液和精液）的直接接触（通过破损皮肤或粘膜）。当疫区分布在人口密集区域时，人们相互接触的机会更频繁，感染的几率更大。此次疫情中，埃博拉病毒流行于几内亚、利比里亚和塞拉利昂的一些大城市，这给卫生防控工作带来了巨大挑战。在疫情爆发前，西非国家之间没有实施严格的出入境管理制度，人员跨境流动自由频繁。由于埃博拉病毒潜伏期较长，且潜伏期内无症状、无传染性，当处于潜伏期的跨境流动人员出入境时，海关人员无法甄别。频繁的人员跨境流动，增加了病毒在不同地区或国家的传播风险。

（四）国际社会对疫情的反应滞后

本次埃博拉疫情迅猛程度及复杂程度史无前例，单靠受灾国家自己的力量很难对抗疫情，需要国际社会合作应对。然而，在疫情爆发的最初阶段，国际社会反应迟缓，国际救援不及时，这主要是因为自1976年埃博拉疫情首次在非洲爆发，30多年来非洲经历过至少三次大规模流行和近二十次中小型流行，但疫情每次都被遏制在局部地区，并没有产生大规模的传播，基于当时了解的埃博拉病毒疫情流行规律，国际社会最初乐观地推测此次疫情发生范围小，将很快被扑灭。

在疫情初期，只有"无国界医生"组织和国际红十字会等非政府组织成为当时救援的主体。早在2014年3月24日，"无国界医生"组织就派遣了一支由24人组成的队伍前往几内亚，开展紧急救援工作；在2014年4月，"无国界医生"组织注意到这次疫情不同于以往，并及时发出警告，西非疫情可能失去控制，但没有引起重视；截至7月31日世卫组织拉响全球警报之时，"无国界医生"组织已向几内亚、利比里亚、塞拉利昂三国派驻72名国际救援人员，调用480名当地人士参与救援工作。除了医生、护士、流行病学专家外，救援队伍中还有后勤人员、水利卫生专家、健康专家、心理学专家等。此外，"无国界医生"

组织还提供了 400 余张床位。

同时，由于预算削减、机构运转不畅，世界卫生组织驻非洲官员对此次疫情反应迟缓，没有及时掌握疫情动态。当世界卫生组织总干事了解到疫情形势已非常严峻时，时间已经是当年 6 月了。直到第 729 例埃博拉病毒感染者死亡后，世界卫生组织才在 7 月 31 日启动了埃博拉疫情应急反应强化计划，这是世界卫生组织首次将西非地区的埃博拉疫情提升到需要国际社会共同关注的高度，而此时距离疫情爆发已经过去了七个月，控制疫情的最佳时机已经错过，随后世界卫生组织承认西非地区的埃博拉疫情规模被"严重低估"。

7 月后，严重的局势引起世界性的恐慌，很明显，单靠受灾国家自身的力量很难对抗，因此联合国、世界卫生组织、"无国界医生"组织、国际红十字会、世界银行、国际货币基金组织、非洲开发银行、非盟、欧盟、中国、美国、英国、日本、古巴等国际组织及地区组织（包括非政府组织）、国家政府才真正大规模地行动起来，向疫区伸出援手，共同应对这起"国际突发公共卫生事件"。

世界卫生组织与西非地区组织是协调疫区国家行动的主体。7 月 23 日，世界卫生组织召集西非地区 11 国及国际组织代表召开紧急会议，研究联合应对埃博拉疫情的举措。7 月 31 日，世界卫生组织启动了"埃博拉疫情应急反应强化计划"，强调世卫组织的参与及各国协作的重要性，这是世界卫生组织自疫情发生以来首次将其提升到需要国际社会共同关注的高度。

8 月 8 日世界卫生组织将此次疫情确定为"国际突发公共卫生事件"后，国际社会加大了救援力度，但疫情却持续恶化。8 月 28 日世界卫生组织发布"埃博拉疫情响应路线图"，明确提出将花费 4.89 亿美元，在未来 6—9 个月内阻断病毒传播及扩散。

在一些国家对西非疫情国家实行禁飞和关闭边境的措施后，世界卫生组织多次发布报告强调，不建议对相关国家采取旅游和贸易禁令，并一再敦促相关国家取消禁飞令。世界卫生组织明确指出，关闭边界不但起不到作用，而且会产生破坏性影响，把疫区国家推向人道主义危机，阻碍国际社会抗击埃博拉疫情的努力。禁航令及限制旅游及商业活动并不能杜绝埃博拉病毒的扩散，反而有损经济发展，并造成粮食及物资短缺。同时，也可能阻碍对抗病毒的努力。正是在这一背景下，8月28日，西非多国卫生部部长在加纳召开会议，同意遵循世界卫生组织的建议，解除为对抗埃博拉疫情而实施的旅游禁令，重开已经关闭的一些国家的边境，停止实行飞机禁飞令。

进入9月，联合国在抗击埃博拉疫情中的倡议者和协调者角色日益凸显，多次召开高级别会议商讨解决办法，在短短半个月时间内，就设立了专门负责协调和整合国际社会以及联合国内部各机构行动的"埃博拉危机控制中心"和"联合国埃博拉应急特派团"，以及负责募集10亿美元抗埃经费的"全球响应联盟"和"埃博拉响应多方信托基金"。

9月18日，安理会举行紧急会议，并一致通过第2177号决议（紧急抗疫决议），呼吁联合国成员国向遭受疫情影响的国家提供紧急援助。安理会此前仅有两次就公共卫生领域影响国际安全的问题进行正式讨论，由此可见埃博拉疫情的紧迫性和联合国对疫情的高度重视。

然而，虽然联合国发挥了一定的主导作用，然而其领导不力的情况也很明显，例如，在9月18日的安理会紧急会议上，虽一致通过第2177号决议，但是决议没有明确各个国家的责任，只是要求各国采取行动，出台关于埃博拉防控的政策文件。因此决议的实际效力十分有限，领导和协调效果也很难达到预期。

然而疫情真正引起国际社会特别是西方国家广泛关注，则始于2014年9月底出现首例美国本土病例、10月西班牙出现欧洲本土病例之后。

此次埃博拉疫情在西非爆发肆虐在付出极大的代价后，最终还是得到了控制，在"反应迟钝"的几个月中，西非经济和人民生命都遭受了一次巨大的劫难，国际社会一度陷入恐慌，然而，这一切其实本都可以将损失降到最低的。

四、启示借鉴

在疫情爆发初期，国际社会并未予以足够重视，美国、埃及、日本等国的医务人员还在第一时间撤离了疫区，参与救援的大多是非政府组织的成员。中国是最早参与埃博拉救治工作和提供物资援助的国家，自8月初开始，在援非医疗队的留守基础上，中国又向三国陆续派出多批公共卫生专家以及进行一线防控和救护援助的短期医疗队进行增援。中国自4月起就多次向疫区三国及几内亚比绍提供人道主义物资援助。相比之下，国际上大批人员与资金援助是在8月底至9月，随着疫情的不断扩大及其全球性影响的逐渐显现才开始到位和兑现的，而此时，事实上已错过了控制疫情的最佳时机。大批人力、物资姗姗来迟，特别是一些之前反应漠然的国家这个时候却高调出镜，不断提升援助力度。美国、加拿大、德国、英国、瑞士、日本、中国等多国也纷纷加快了疫苗研发的进程。在全球向西非提供人道主义声援的同时，各国也在借机悄无声息地进行着一场软实力比拼，争夺声誉红利的暗战。总体来说，从整个国际社会初期应对的表现来看，是不及格的，但到了中后期，因为各自的国家利益和国际声誉，整个国际社会的重视程度增强，整体救援力量得到加强，埃博拉病毒得到了一定程度的控制。可以说，既有值得借鉴和传承的经验，也有需要深刻反思的教训。

（一）要不断提升全球卫生领导力

要加强世界卫生组织在内的联合国的领导力。世界卫生组织应专注于传染病国际应对的法律、法规的制定，国际合作机制的建立，资金、人才和技术的储备，才能有效应对不断突发的各种公共卫生事件。传染病无国界，对于易于传播、国际流行的新发传染病和重大传染病，各国必须加强疫情信息通报，及时沟通，共享资源，共同应对，才能及时有效控制疫情。这些必须由世界卫生组织领导、协调才能实现。近日，《柳叶刀》杂志发表的题为"Ebola：a crisis in global health leadership"的文章指出，埃博拉病毒在全球蔓延，反映了全球卫生领导力的失败。文章指出，埃博拉疫情之所以不断发展，一定程度上是由于世界卫生组织本身的局限性。一方面，近年来，世界卫生组织预算不断缩减，一些流行病学专家相继离开，削弱了卫生应急反应小组的能力。另一方面，世界卫生组织要求 196 个成员国遵守《国际卫生条例》，提高各国公共卫生反应能力，并对国际关注的突发公共卫生事件进行监测，加强国际合作。但由于该条例缺乏具体的责任分配以及对不合作国家的制裁措施，导致取得的效果并不理想，特别是一些低收入国家应对突发公共卫生事件的能力依然不足。联合国安理会应继续监测埃博拉疫情，明确各国责任，并为世界卫生组织的行动找到合理的法律支持。世界卫生组织应该吸取埃博拉疫情带来的教训，不断提高领导力和治理能力。世界卫生大会应该大幅提高成员国的出资水平，创立紧急事件基金，改革区域组织，并吸引非国家组织。

（二）倡导"全球治理"

国家间的通力合作是全球危机治理的关键所在。病毒没有国界，特别是在当今全球化背景下，非洲面临的任何挑战，都有可能成为"地球村"人类必须共同面对的挑战，没有人能置身事外，因此，传染病的联防联控是全球治理的重要内容之一。《时代》周刊评价说："埃博拉是一场战争，也是一个警告。全球卫生体系还不够强大，不足以保护我们免受传染性疾病的威胁。"国际社会通力合作抗击本次疫情的战役的经验与不足，在某种程度上为今后全球性危机的治理提供了参考。纵观 2014 年埃博拉疫情的治理过程，也是一个各个国家从自保自卫向全球化合作的过程，它考验的不仅仅是一个国家应对大规模卫生突发事件的应急能力，而是"全球治理"这个更大的能力。"全球治理"这一概念在人类社会近几十年的重大考验事件中被多次提及。尤其是过去十年间，随着金融危机、债务危机蔓延全球，不少人都提出有必要建立起监管全球化的机制。但随着经济上的相互依存性与日俱增，治理机制却未得到同步发展。全球层面上的联合国和世贸组织，区域层面上的欧盟和北美自由贸易协定，都是一些重要的治理机制，耶鲁全球化研究中心主任埃内斯托·塞迪略表示，当今这些治理机制有两方面弱点：一是促成该治理机制的决定、政策和行动是可被推翻的。这就意味着，各国领导人能够任意延缓甚至在某种程度上推翻全球化治理合作。另一弱点源自治理机制本身与经济全球化之间与日俱增的鸿沟。到 20 世纪 80 年代为止，一直是前者推动后者，但此后经济全球化借着现代技术的春风和新兴国家的势头扶摇直上，远远领先于全球治理。在面对一些新的全球化挑战时，这种"全球治理落后于全球经济的状况更加明显"。各种全球危机的警告信号已经显现，唯有合作才能化解危机。

（三）形成健全的合作防疫和应急机制

健全、有效的卫生合作防疫和应急机制是应对新发传染病突发公共卫生事件的重要制度保障。西非埃博拉病毒疫情最严重的三国，其卫生应急体系缺乏科学性和完整性，不能提供包括临床治疗、检测、评估、健康促进、疾病预防和管理以及治疗在内的医疗卫生服务，单依靠这些国家的力量无法抵御严重的传染性疾病的来袭，必须联合发达国家的先进医疗和防疫机制，才能有效对抗疫情全球传播。南开大学从事疾病史研究的余新忠教授持有观点认为：国际间的卫生防疫合作，是随着近代以来疫病的日渐全球化以及近代公共卫生机制的逐步建立而出现的，但真正开始形成比较有效的合作是第二次世界大战以后世界卫生组织的成立。国际联合防控疫病的优势很多，比如强大的资金和技术支持，现代比较成熟的疾病防控体系等。不过目前这套疫病防控体系还主要是立足于比较发达国家而形成的。如何适应非洲当地社会？或者说，现代卫生专家如何更好地了解当地社会，以便使现代的防疫体系更适合当时的社会情况和符合当地的社会需要？这是当下和未来疫病防控体系的建设者需要思考的问题。国际联合防控重大疫病背后成功和失败的原因纷繁复杂，但关键可能还在于国际间对合作防疫的重要性能否达成共识以及能否形成一个具有资金及制度保证的防疫机制。

（四）关键时刻危机治理的实力在于长久的积累

此次中国能够在短时间内迅速反应、快速出击，是源于中国几十年如一日对非医疗援助的积淀。事实上，中国对非洲的医疗援助最早始于1963年中国向阿尔及利亚派出的第一支援非医疗队。51年来，中国向非洲51个国家和地区派遣了约2万多人次医护人员，救治了数以亿计的非洲病人，成为中国对非援助中开展时间最长，涉及国家最多，成效最为显著的王牌项目，被非洲媒体称为"默默送了半个世纪的礼物"。软实力建设并非如经贸合作一样可以取得立竿见影的效果，感情的培养、文化的交流都需要持之以恒的积累和努力，本次疫情中各国对中国的褒奖也并非仅仅针对一时一事，这其中也包含了对中国几十年如一日帮助完善非洲医疗卫生体系，致力于建立受援国管控疫情的公共卫生长效机制的肯定。

（五）大力鼓励非政府组织与私营部门的参与

一些非政府组织和私营部门基于其兴趣积极参与到抗击西非埃博拉

病毒病疫情行动中，发挥了积极作用。特别是疫情早期，在世界卫生组织和国际社会还未参与应对时，他们就已经开展救援行动了。充分鼓励和调动非政府组织和私营部门参与重大公共卫生事件应对，可以弥补资金、人员、技术等方面的不足，为事件处置赢得时间。

参考文献

1. 袁冰：《埃博拉来袭　是挑战也是机遇》，《中国中医药报》2014 年 10 月。

2. 郭佳：《埃博拉危机与中国在非洲的软实力建设》，《当代世界》2014 年 12 月。

3.《联合国官员敦促国际社会迅速行动遏制埃博拉疫情》，《口岸卫生控制》2014 年 6 月。

4. 徐军强、刘红惠：《西非埃博拉病毒病疫情的反思与启示》，《公共卫生与预防医学》2015 年 1 月。

5. 程宇航：《西非埃博拉：尚不及格的全球应对》，《老区建设》2014 年第 17 期。

6. 郭佳：《抗击埃博拉，国际社会正在行动》，《世界知识》2014 年第 20 期。

7. 龙亚秋：《埃博拉病毒来袭》，《当代学生》2014 年第 19 期。

8. 易若雪、李迪：《埃博拉告诉我们什么》，《开心老年》2015 年 2 月。

9. 大众网：《西非埃博拉疫情宣告结束　已致 1.13 万人死亡》http：//www.dzwww.com/xinwen/xinwenzhuanti/2008/ggkf30zn/201601/t20160115_10589052.htm/。

（刘明　编写）

责任编辑：洪　琼

图书在版编目（CIP）数据

公共危机管理典型案列 . 2014 ／ 吴涛　主编 . — 北京：人民出版社，2017.6
（中浦院书系·研究报告系列）
ISBN 978－7－01－017536－2

I.①公…　　II.①吴…　　III.①国家行政机关 - 紧急事件 - 公共管理 -

案例 - 中国 -2014　　IV.① D63

中国版本图书馆 CIP 数据核字（2017）第 063008 号

公共危机管理典型案列·2014

GONGGONG WEIJI GUANLI DIANXING ANLI 2014

吴　涛　主编

人民出版社 出版发行

（100706　北京市东城区隆福寺街 99 号）

北京中科印刷有限公司印刷　新华书店经销

2017 年 6 月第 1 版　2017 年 6 月北京第 1 次印刷

开本：710 毫米 ×1000 毫米 1/16　印张：10

字数：150 千字

ISBN 978－7－01－017536－2　定价：39.00 元

邮购地址 100706　北京市东城区隆福寺街 99 号

人民东方图书销售中心　电话：（010）65250042　65289539